CICIR
中国现代国际关系研究院
CHINA INSTITUTES OF CONTEMPORARY
INTERNATIONAL RELATIONS

中国现代国际关系研究院 ◎ 著

中国十问

时事出版社
北京

编委会：（按拼音顺序排列）

陈向阳　陈文鑫　程宏亮

黄　莺　李　岩　李　铮

刘军红　倪建军　王鸿刚

徐　刚　颜泽洋　袁　鹏

张欣波　张运成　张志新

序　言

中国崛起是当代世界最伟大的历史事件，如何认识和理解中国崛起则是当代世界最重大的时代课题。围绕中国崛起，西方世界曾经出现过"中国威胁论""中国崩溃论""中国责任论"等等论调，既有亨利·基辛格《论中国》这样相对理性、有深度的作品，也有彼得·纳瓦罗《致命中国》这类危言耸听的读物，五花八门，不一而足。

中国共产党十九大宣告中国进入"新时代"。13亿中国人民对新时代有什么期待？新时代的中国有哪些鲜明特征？新时代的中国对世界又意味着什么？全世界在观察、在思考、在谈论、在解读，中国自己也在上下求索。

正因如此，对中国崛起和新时代的中国做任何简单化、断言式的评论或结论无疑是草率、不负责任的，很难经得起时间的考验。对于一个拥有5000年文明、13亿人口、56个民族、960万平方公里的中国，对于一个经历过百年屈辱、苦难辉煌的中国，对于一个通过改革开放、艰苦奋斗创造人类历史上发展奇迹的中国，只有进行历史的、立体的、全面的、近距离的考察，才可能品得个中三味，才可能读懂弄通，否则只能是盲人摸象、隔靴搔痒、雾里看花。

最近一个时期，美国朝野充斥着许多对中国似是而非的言论：有的对历史进行简单嫁接和大胆"修正"，得出"美国帮助重建了中国"的谬论；有的偷换概念，将中华民族伟大复兴的历史进程解读成精心策划、最终旨在取代美国霸权地位的"百年马拉松"；有的异想天开，认为"一带一路"将马汉、麦金德、斯皮克曼三大地缘理论融为一炉，是一套称霸世界的地缘政治战略；有的别有用心，将《中国制造2025》上纲上线，将孔子学院视作中国对美意识形态入侵的"特洛伊

序　言

木马"；有的添油加醋、极力渲染，认定中国不是"市场经济国家"，也不再是"发展中国家"；有的无端揣测，将中国在南海维护主权的正当行为妖魔化；有的乱扣帽子，指责中国是"修正主义国家"……

我们不想认为上述言论都是凭空捏造、无中生有，宁愿相信它们是因为对"复杂中国"缺乏深度了解而产生的"误解"或"误读"。既然如此，我们所做的，无非是尽力还原一下事物的本来面目，或者至少从中国学者的视角发表我们的看法；我们不想去说服谁，只想真实、客观、理性地发出中国的声音。为此，我们从美国朝野涉华言论中挑选了十个代表性的观点，以问答的形式予以解答，故名《中国十问》。因为学识有限加之时间仓促，对这十问的回答还无法做到深刻、全面，只能点到为止，期待未来能够再进一步。

中国现代国际关系研究院院长　袁鹏
2019 年 5 月于北京

目录

中国有"百年马拉松"战略吗? ◆ 1

中国是"修正主义大国"吗? ◆ 15

中国还是不是发展中国家? ◆ 30

中国是不是市场经济国家? ◆ 51

"一带一路"是地缘政治战略吗? ◆ 67

美国帮助"重建"中国了吗? ◆ 81

中国改革开放倒退了吗? ◆ 95

什么是《中国制造2025》? ◆ 115

中国要把南海变为自己的内湖吗? ◆ 133

孔子学院是中国的"特洛伊木马"吗? ◆ 149

中国有"百年马拉松"战略吗？

2015年，美国哈德逊研究所中国战略中心主任白邦瑞（Michael Pillsbury）出版《百年马拉松——中国取代美国成为全球超级大国的秘密战略》一书，声称中国多年来一直实施一项秘而不宣的"百年马拉松"战略，谋求在2049年即新中国成立100周年时取代美国成为全球超级大国。此书一出版，便迅速登上亚马逊畅销书排行榜，在中美学界、媒体和政策圈引发热议。推崇赞赏者有之，批评不屑者更不在少数。白邦瑞自称写作此书"以增加美中两国的友谊和信任为目的"，但事实上，此书徒增中美两国战略猜忌，推升战略误判风险，最终可能影响两国友谊。中国有无

"百年马拉松"战略？这本应是个谁主张谁举证的问题。但鉴于白邦瑞对其所谓的"百年马拉松"战略来源语焉不详，臆测成分居多，本文拟真正本着增进理解、减少误判的态度，从学理角度对此问题进行回答。

一、臆想的"百年马拉松"战略

根据白邦瑞的说法，所谓的"百年马拉松"战略是他通过与所谓的中国"鹰派"数十年的对话交流、从秘密渠道获取的大量情报信息以及对中国战国思想的研读中得出的。该战略的核心要义是战略欺骗，"瞒天过海"，"能而示之不能，用而示之不用"。其战略目标是到2049年即新中国成立100周年之际，取代美国，称霸全球。白邦瑞认为，该战略大多是"鹰派"从战国历史中汲取的经验教训，其包含九大战略元素：

一是诱敌骄矜自大，以攻其不备。不过早刺激像美国这样强大的对手，而是谨慎隐藏自身真实动机，等待理想出手时机。

二是操纵敌方谋士。争取敌方领导核心周遭有影响力的关键人士，使之为我所用。

三是耐心等待成功。

四是为实现战略目标窃取对手的想法与技术。

五是不过分倚重军事力量。军事力量并非长期竞争的制胜因素。中国的战略并非穷兵黩武，而是巧妙锁定敌方弱点，以静制动。

六是认识到霸权国将不惜一切代价确保其地位。

七是把握大势。其一，瞒骗其他人，为韬光养晦争取时间；其二，耐心等待最合适的时机出击。

八是建立比较标准，以衡量自身与其他可能挑战者的优劣条件。

九是随时保持警惕，以免遭合围或欺诈。

白邦瑞明言，中国并没有一份白纸黑字、锁在某个保险柜里的"百年马拉松"战略。但他认为，中国领导人对该战略早已了如指掌，白纸黑字写下来反而有曝光之虞。根据白邦瑞的说法，"百年马拉松"战略是所谓的中国"鹰派"人士向领导人提出的，旨在误导和操控美国决策者，以获取美国的情报以及军事、科技和经济援助，从而洗雪"百年耻辱"，并在2049年取代美国成为世界经济、军事和政治领袖；1949年是中国领导人共同理解的"百年马拉松"的起始点，而在中国与美国开始发展关系时就已执行此项计划。

白邦瑞给出的中国拥有"百年马拉松"战略的最直接证据是国防大学刘明福大校撰写的《中国梦：后美国时代的大国思维与战略定位》[①]一书。刘明福在书中将中美21世纪竞争比作一场"马拉松大赛"。白邦瑞如获至宝，声称就在这里首次见到白纸黑字写下来的"百年马拉松"，并称刘明福在书中也"暗示"中国领导人当中存在一个正式的"马拉松"战略，因他称赞毛泽东"敢于制订超越美国的大计划，声称中国只有超越美国，才能对人类做出大贡献"。尽管刘明福2010年接受美国广播公司新闻网（ABC News）采访时

[①] 刘明福：《中国梦：后美国时代的大国思维与战略定位》，北京：中国友谊出版公司，2010年版。

强调，中国与西方的竞争和最后胜出，将是和平的。但白邦瑞则坚称，"在能够直接读中文原版书的我们看来，他书中的论调并非如此"。遗憾的是，白邦瑞恐怕没看过此中文原版书，因他书中有关刘明福观点的引用均来自二手的新闻评论。

让我们看看刘明福在《中国梦》一书中如何说。刘说：

> 中美两国的21世纪战略竞争，应该从过去的"角斗场"和"拳击场"进入"田径比赛场"，中美两国应该创造新的国际竞争文明、新的大国战略竞争模式和新的大国战略竞争规则。（第54页）

中美"田径赛"有两层含义。

一是中美两国在21世纪围绕冠军国家的竞争，将是人类有史以来最文明的一场大国竞争。它不是"决斗型"的大战竞争，也不是"拳击型"的冷战竞争，而是"田径型"的比赛竞争。

二是这场竞争是一场世纪性的竞争，

是中美两国的田径比赛。它不是百米比赛，也不是万米比赛，而是一场"马拉松大赛"，是一场比魄力、比毅力、比耐力的竞赛。

因此，中美两国竞争21世纪的"田径赛"，有两个最根本的特点：竞争的文明化和竞争的持久性。（第60页）

上述观点并非白邦瑞所谓的中国"鹰派"独有的观点，事实上它在中国学界有非常广泛的市场。其核心在于主张中美和平竞赛，创造大国战略竞争新模式和新规则，走出一条中美新型大国关系之路。其重点也不在追溯历史，而是面向未来，思考中美共处之道。因此，用它来证明中国自新中国成立后一直在实施一项"百年马拉松"战略，显然不具说服力。用白邦瑞炫技般热衷引用的《三十六计》里的话来说，这简直是"无中生有"。至于他将赵汀阳的《天下体系》一书视作更早的讨论"百年马拉松"的著作，那更属于"移花接木"。

中国有"百年马拉松"战略吗？

从本质上说，白邦瑞声称中国拥有取代美国成为全球超级大国的所谓"百年马拉松"战略，是一种基于实力和结果的反推。由于没有白纸黑字的"百年马拉松"战略存在，白邦瑞从其所理解的中国传统战略文化以及一些蛛丝马迹乃至道听途说中，臆想该战略的存在。试想一下，在中国经济实力未升至全球第二，中国的国际影响力未像现在这么显著之时，即便他从秘密渠道得到一份白纸黑字的"百年马拉松"计划，恐怕也会怀疑其真实性，甚至也会怀疑其是不是在搞"战略欺骗"。曾几何时，美国战略界"中国崩溃论"甚嚣尘上，此起彼伏。白邦瑞认为这是中国刻意隐瞒自身实力与意图，对美国战略界实施"战略欺骗"所致。但殊不知，每一波"中国崩溃论"兴起之时，中国都会义正辞严加以驳斥，因为这在某种程度上会影响中国政权稳定。因此，说到底，白邦瑞炒作所谓"百年马拉松"战略，并不在乎中国是否真的有"百年马拉松"战略，而是基于中国实力日益增长的现实而炒作一种"中国威胁"。

二、百年梦想与中国大战略

近代以降,实现中华民族伟大复兴是中华民族最伟大的梦想。无数仁人志士为这一梦想抛头颅洒热血,前赴后继。中国近代伟大的资产阶级革命先行者孙中山在《兴中会章程》中,最早发出"振兴中华"的呼喊。1904年,他在写给美国人民的呼吁信中,满怀激情地憧憬:"一旦我们革新中国的伟大目标得以完成,不但在我们的美丽的国家将出现新纪元的曙光,整个人类也将得以共享更为光明的前景。"中国共产党一经成立,义无反顾肩负起实现中华民族伟大复兴的历史使命,团结带领人民进行了艰苦卓绝的斗争。从1840年鸦片战争爆发,中国沦为半殖民地半封建国家起,到1949年中华人民共和国成立,可视为实现中华民族伟大复兴的"前一百年"。前百年的主题是争取民族独立和人民解放,进行民主革命。从中华人民共和国成立到建国100周年,可视为实现中华民族伟大复兴的"后一百年"。后百年的主题是为国家富强和人民幸福而奋斗,进行社会主义现代化建设。

中国领导人从不讳言有赶超西方、实现中华民族伟大复兴的梦想。毛泽东提出"赶英超美","将我们现在这样一个经济上、文化上落后的国家,建设成为一个工业化的具有高度现代文化程度的伟大国家";邓小平提出"把我们的国家建设成为社会主义的现代化强国,是我国人民肩负的伟大历史使命"。老一辈无产阶级革命家的伟大梦想薪火相传,延续至新一代国家领导人习近平身上。习主席 2012 年 11 月 29 日在参观国家博物馆《复兴之路》展览时说,"每个人都有理想和追求,都有自己的梦想。现在,大家都在讨论中国梦,我以为,实现中华民族伟大复兴,就是中华民族近代以来最伟大的梦想。这个梦想,凝聚了几代中国人的夙愿,体现了中华民族和中国人民的整体利益,是每一个中华儿女的共同期盼。"

每个人都有自己的梦想,每个国家也都有自己的梦想。美国有"美国梦",中国有"中国梦",朝鲜也有"朝鲜梦"……梦想不是战略,实现梦想的路径和手段才叫战略。耶鲁大学著名历史学家保罗·肯尼迪深刻指出,"大战略关乎的是目的与手段的平衡,既在战时,也在平时";"大战略的症结在于政策,即在于国家领导人为了维持和增进国家长期的(即在战时与平时的)最佳利益而将军事和非军事的所有要素集合在一起的能力"。为实现中华民族伟大复兴的中国梦,中国走过"大跃进"与"文革"的弯路,改革开放后的很长一段时间里也都在"摸着石头过河",很难如白邦瑞所说,从新中国成立之初就有一套如何与美国竞争的"百年马拉松"战略。

一项大战略需要考虑战略环境、国家利益、战略实力等多种因素。从中华人民共和国成立至今,期间经历冷战和后冷战时代,两极和一超多强世界,中国的国家利益和外部威胁均出现深刻变化,战略实力也不可同日而语。很难想象中国自始至终在实施一项所谓的"秘密战略"。事实上,正如美国学者金骏远所言,直到20世纪90年代中后期,中国大战略的逻辑才变得清晰可辨。

若从实现中华民族伟大复兴的思想脉络去看中国大战略,改革开放以来中国基本在奉行一种

中国有"百年马拉松"战略吗?

和平发展战略。该战略首先是基于对时代主题和国际形势的准确判断。1978年12月,邓小平在党的十一届三中全会上指出,战争是可以避免的。到1987年,邓小平在会见荷兰首相吕贝尔斯时又进一步指出,"对于总的国际形势,我的看法是,争取比较长期的和平是可能的,战争是可以避免的"。在邓小平科学论断的基础上,1987年10月,党的十三大报告第一次将"和平与发展"表述为当代世界的"两大主题"。此后一直到党的十九大报告均将"和平与发展"视为两大时代主题。"和平与发展"的时代主题判断对中国共产党人的发展理念更新以及和平发展道路选择具有重大意义。可以肯定地说,改革开放以来中国所取得的成就,并非如白邦瑞所说靠"战略欺骗"得来,而是靠中国领导人在正确的战略判断基础上,团结带领全国人民奋斗得来的。

其次,和平发展战略的核心是谋发展。这是基于对中国社会主要矛盾的判断而做出的战略选择。从1981年中国共产党十一届六中全会开始,直至2017年中共十九大之前,中国领导集体对中国社会主要矛盾的基本判断都是人民群众日益增长的物质文化需要同落后的社会生产之间的矛盾。为解决中国社会主要矛盾，中国共产党在十三大上首次明确"一个中心、两个基本点"的基本路线，即以经济建设为中心，坚持四项基本原则，坚持改革开放。"发展是第一要务"，和平是发展的前提，也是发展的必由之路。中国需要为自身发展营造一个和平稳定的国际环境，这意味着中国的发展本身也必须是和平的。党的十九大报告对中国社会主要矛盾的论断发生了变化，指出中国社会主要矛盾已经转化为人民日益增长的美好生活需要和不平衡不充分的发展之间的矛盾。这并没有改变中国对所处发展阶段的战略判断和谋发展的战略诉求。

再次，中国共产党对发展有比较清晰的路线图。1987年中共十三大正式提出"三步走"战略部署：第一步，实现国民生产总值比1980年翻一番，解决人民的温饱问题；第二步，到20世纪末，使国民生产总值再增长一倍，人民生活达到小康水平；第三步，到21世纪中叶，人均国民生产总值达到中等发达国家水平，人民生活比较富裕，基本实现现代化。1997年中共十五大又提出"新三步走"发展战略：21世纪第一个十年实现国民生产总值比2000年翻一番，使人民的小康生活更加宽裕，形成比较完善的社会主义市场经济体制；再经过十年的努力，到建党一百年时，使国民经济更加发展，各项制度更加完善；到21世纪中叶建国一百年时，基本实现现代化，建成富强民主文明的社会主义国家。此即"两个一百年"战略目标。2017年中共十九大又为第一个"一百年"战略目标实现后如何发展提出了两个阶段的战略安排，即"两个15年"：第一个阶段，从2020年到2035年，在全面建成小康社会的基础上，再奋斗15年，基本实现社会主义现代化；第二个阶段，从2035年到本世纪中叶，在基本实现现代化的基础上，再奋斗15年，把中国建成富强民主文明和谐美丽的社会主义现代化强国。

最后，和平发展战略的重要特征是不称霸。毛泽东以来的中国几代领导人均向世界庄严宣告：中国永不称霸。这不是一句宣传口号，而是和平发展的内在要求。在发展的过程中搞争霸对抗，必然会受到主导国打压，很难确保一个和平稳定的国际环境，中国的发展也会受阻。即便在发展强大起来以后，称霸也会遭致体系性制衡。这方面，苏联殷鉴不远。

总之，中国有实现中华民族伟大复兴的伟大梦想，也有到21世纪中叶把中国建成富强民主文明和谐美丽的社会主义现代化强国的奋斗目标，但并没有所谓的"百年马拉松"战略。中国的大战略是一种内求发展、外求和平的和平发展战略。

中国是"修正主义大国"吗?

一段时间以来,美国特朗普政府出于对外维持霸权和对内巩固政权的需要,给中国扣上"修正主义大国"的帽子,但事实证明,中国是言行一致、兼济天下的"国际秩序维护者",真正的"修正主义大国"绝非中国。

一、美国给中国扣"修正主义大国"帽子背景复杂

2017年12月18日,美国白宫公布了特朗普总统上任后的首份《国家安全战略报告》,该报告指出美国面临一个"充满竞争"的世界,把中俄

两国描述成美国的"战略竞争者",并将中俄称为对美国构成威胁的所谓"修正主义大国",指责两国"破坏国际秩序和稳定,试图塑造一个与美国价值观和利益对立的世界"。

该报告还重点渲染所谓"中国威胁",说中国正利用经济刺激和惩罚措施、影响力行动以及含蓄的武力威胁,说服其他国家在意中国的政治和安全议程;中国的基础设施投资和贸易战略强化了其地缘政治诉求;中国在南海建设并武装前哨基地的行为危害贸易自由流动,危及其他国家的主权并破坏地区稳定;中国发动了一场迅速的军事现代化运动,旨在限制美国进入该地区并让中国更自由地开展行动。

美国新《国家安全战略报告》对华以"修正主义大国"定调,其随后出台的《国防战略报告》《核态势评估报告》等,对华定位均以此为准。美国所谓的"修正主义"具有特定含义,这一概念出自西方国际关系学中的权力转移理论。所谓"修正主义国家"是指那些意欲改变现存国际秩序(即"改变现状")的国家,其对现状或现存秩序不满，谋求部分或全面改变现状或现存秩序，而与"改变现状"相对的则是"维持现状"。

美国之所以现在给中国扣上"修正主义大国"的帽子，并非心血来潮，而是有着深刻的国际背景与复杂的国内政治考量。

一是国际格局加快演变和中美差距加速缩小，使得美国对华深度焦虑，深感不安，"老大"唯恐被"老二"反超。2008年国际金融危机后，中国加速崛起，美国却深陷内部撕裂分化与外部扩张"疲倦"的"霸权困境"，中国对美"赶超"之势显著增强，美国的危机感与焦虑感倍增，对华政策因之走强转硬，这便有了以大国竞争为主旋律、以对华压制为主线的新《国家安全战略报告》。

二是出于国内政治需要，以此迎合民粹势力，"兑现"其竞选承诺。特朗普政府试图借炒作"中国威胁"来凝聚国内共识，强化危机意识，进而印证其"美国优先"和"以实力求和平"理念的正确性，包括借此大幅增加军费以取悦军方，巩固其执政地位。

三是既为其对华战略转向提供理论依据，又

凭借话语霸权对华抹黑，更为自己的不负责任来开脱。通过给中国扣上"修正主义大国"的帽子，企图陷中国于不义，抢占国际道义制高点。同时，为美国对外"开倒车"、推行唯我独尊的"美国优先"，乃至真的"修正"现有国际秩序与规则，来施放"舆论烟幕弹"，混淆视听。

二、"修正主义"的核心是要改变国际秩序现状，但现有秩序总体合理并对中国总体有利，中国没必要"修正"

国际秩序指国际社会通过主要国家的斗争和妥协而形成的、驾驭和制约国际行为的原则、规范和机制的总和。它解决国际社会按什么原则，通过什么手段、方式和机制来处理国际关系的问题，其实质是国际权力的分配与责任的分担。一定的国际秩序总是随主要国家力量对比的变化而变化，同一定的国际格局相适应。

当今国际秩序形成于二战之后，是基于二战后世界新的力量对比，体现了反法西斯战争胜利成果和国际公平正义，是主要由战胜国建立的当代国际关系理念、规则、组织和机制的总称。战后国际秩序来之不易，其核心是政治与安全秩序，内涵主要有二：

一是以《联合国宪章》为载体，反映战后世界和平、民主、进步潮流的国际关系理念与价值观。包括维持国际和平及安全、促成国际合作、各会员国主权平等、应以和平方法解决国际争端、在国际关系上不得使用威胁或武力等。《联合国宪章》业已成为当代国际法与国际关系的准则。

二是以联合国安理会为中心，致力于维护世界和平的集体安全机制，包括赋予安理会五大常任理事国以"否决权"。"五常"国家对战胜法西斯付出了最大牺牲，做出了最大贡献，因而享有有别于一般成员国的、对国际和平与安全的特殊权力与特殊责任。

而国际规则可按不同领域加以划分，主要包括三大类：一是国际经济规则，以及国际经济组织及其机制，如 WTO、IMF 等；二是国际安全规则，包括反恐、防止大规模杀伤性武器扩散、核裁军与军备控制，以及针对公海、网络、太空等"全球公地"的行为守则；三是国际环境规则，包括应对气候变化的国际公约等。

中国是二战战胜国，为赢得世界反法西斯战争付出了巨大牺牲，做出了巨大贡献，并因此成为安理会五大常任理事国之一。毋庸置疑，中国是现有国际政治秩序的创立者和受益者。与此同时，经过40年的改革开放，中国全面深入参与经济全球化，为世界经济可持续发展做出重大贡献，因而也是现有国际经济秩序的参与者和受益者。中国之所以要"维持现状"和维护现有秩序，之所以不会"改变现状"和搞什么"修正主义"，道理并不复杂，动机非常单纯：一是因为从中受益、于己有利；二是因为大国担当、对世界有益。

三、中国对外战略意图始终清白，实乃"国际秩序维护者"

中国历来是世界和平稳定的捍卫者，同时也是国际秩序坚定的维护者、建设者和贡献者。70

中国是"修正主义大国"吗?

多年前,在反法西斯战争胜利的欢庆中,国际社会痛定思痛,深刻反思,携手创建了以联合国为核心、以《联合国宪章》宗旨和原则为基础的国际秩序和国际体系,掀开了国际关系史上新的一页。作为主要战胜国之一,中国积极参与了这一历史进程,为此做出了重要贡献,并且是在《联合国宪章》上第一个签字的国家。

战后至今70多年,中国在致力于自身发展的同时,从未忘记所应承担的国际责任,始终都为维护世界和平与发展,捍卫并完善战后国际秩序和国际体系发挥着建设性作用。

中国的对外政策完全秉承了《联合国宪章》的宗旨和精神,坚持不懈地致力于国际和平、安全与合作。中国同印度、缅甸一道,共同倡导了体现《联合国宪章》精神的"和平共处五项原则",并使其成为公认的国际关系准则。中国始终坚持和平解决国际争端,主张大小国家一律平等,反对动辄诉诸武力,摒弃强权政治和零和博弈。积极践行"结伴而不结盟、合作而不对抗"的国与国交往新路,努力构建以合作共赢为核心的新型国际关系。作为安理会常任理事国，中国始终致力于推动国际公平正义，维护发展中国家、弱小国家的正当权益。中国在安理会的否决权，始终发挥着制约战争冲动、抵制强权逻辑的重要作用。

尽管与 70 多年前相比，世界发生了巨大变化，包括国际格局和力量对比加快演进，快速发展的中国成为牵动世界未来发展的重要因素之一，但中国始终是国际秩序的维护者而非挑战者，是国际秩序的建设者而非破坏者，是国际秩序的贡献者而非"搭便车者"。这一点过去如此，现在如此，将来也不会改变。

中国将继续维护当代国际秩序和国际体系。70 多年前中国直接参与设计建立了以联合国为核心的国际秩序和国际体系，当然不会"吃饱了撑的"去推翻当年自己亲手建立的成果，也无意另起炉灶、再搞一套。而是会与各国一道，真正把它维护好、建设好。与此同时，为了顺应世界多极化和全球化发展大势，中国也愿与各国一道，与时俱进，推动国际秩序和国际体系进行必要的改革和完善，使其更加公正合理，更加符合国际大家庭尤其是战后成长起来的大多数发展中国家的愿望。对此应坚持三条原则：一是加强国际关系多边化，而不是单边主义；二是推动国际关系法治化，而不是丛林法则；三是促进国际关系民主化，而不是强权政治。

中共十九大报告将"坚持推动构建人类命运共同体"作为新时代坚持和发展中国特色社会主义的"基本方略"之一，进一步展示了新时代中国外交兼济天下的崇高境界，这与美国唯我独尊、抹黑别国的《国家安全战略报告》形成了鲜明对照。十九大报告指出，中国人民的梦想同各国人民的梦想息息相通，实现中国梦离不开和平的国际环境和"稳定的国际秩序"；强调必须统筹国内国际两个大局，始终不渝走和平发展道路、奉行互利共赢的开放战略，坚持正确义利观，树立共同、综合、合作、可持续的新安全观，谋求开放创新、包容互惠的发展前景，促进和而不同、兼收并蓄的文明交流，构筑尊崇自然、绿色发展的生态体系，郑重承诺始终做"世界和平的建设者、全球发展的贡献者、国际秩序的维护者"。

2018年12月18日，在迎来改变当代中国命运与当今世界面貌的改革开放40周年之际，习近平主席发表重要讲话，对中国外交的过去与将来做了新的高度概括。

回顾过去40年，他指出，中国始终坚持独立自主的和平外交政策，始终不渝走和平发展道路、奉行互利共赢的开放战略，坚定维护国际关系基本准则，维护国际公平正义。中国实现由封闭半封闭到全方位开放的历史转变，积极参与经济全球化进程，为推动人类共同发展做出了应有贡献。中国积极推动建设开放型世界经济、构建人类命运共同体，促进全球治理体系变革，旗帜鲜明反对霸权主义和强权政治，为世界和平与发展不断贡献中国智慧、中国方案、中国力量。中国日益走近世界舞台中央，成为国际社会公认的世界和平的建设者、全球发展的贡献者、国际秩序的维护者！

展望未来，习主席庄严宣示，中国必须高举和平、发展、合作、共赢的旗帜，恪守维护世界

中国是"修正主义大国"吗?

和平、促进共同发展的外交政策宗旨,推动建设相互尊重、公平正义、合作共赢的新型国际关系。强调要尊重各国人民自主选择发展道路的权利,维护国际公平正义,倡导国际关系民主化,反对把自己的意志强加于人,反对干涉别国内政,反对以强凌弱。要发挥负责任大国作用,支持广大发展中国家发展,积极参与全球治理体系改革和建设,共同为建设持久和平、普遍安全、共同繁荣、开放包容、清洁美丽的世界而奋斗。要支持开放、透明、包容、非歧视性的多边贸易体制,促进贸易投资自由化、便利化,推动经济全球化朝着更加开放、包容、普惠、平衡、共赢的方向发展。要以共建"一带一路"为重点,同各方一道打造国际合作新平台,为世界共同发展增添新动力。强调中国决不会以牺牲别国利益为代价来发展自己,也决不放弃自己的正当权益。中国奉行防御性的国防政策,中国发展不对任何国家构成威胁。中国无论发展到什么程度都"永远不称霸"。

习主席这一最新郑重承诺,再一次彰显了中

国"国际秩序维护者"的真实底色。

四、中国对外言行一致，忠实担当"国际秩序维护者"

除了反复就对外战略意图和盘托出、明确宣示外，中国外交还在实践中兑现承诺，以实际行动维护当今国际秩序，坚守多边主义的世界正道，不断传递正能量，国际贡献与日俱增，得道多助的"负责任大国"形象越来越深入人心。

一是广泛建设性参与全球热点问题的解决。积极推动朝核、伊核、中东和平进程等热点问题的政治对话，深入参与反恐禁毒、维护网络安全、应对气候变化等国际合作。中国是联合国安理会常任理事国中派出维和行动人数最多的国家，每天有3000多名维和人员坚守在世界各地。坚持10年派出舰船赴亚丁湾、索马里海域，为大量中外船只守护平安。

二是积极履行国际责任与义务。中国累计缔结了2.3万多项双边条约与协议，加入400多项多边条约，参加了几乎所有政府间国际组织，切实履行应尽的责任与义务。推动世贸组织各轮谈判，推进各种双多边自贸安排，致力于维护和促进国际贸易自由化体制。

三是大力倡导不同文明交流互鉴。同发达和发展中国家建立了人文交流机制，举办太湖世界文化论坛等，召开首届亚洲文明对话大会，推动不同民族、不同文化、不同宗教交流交融、互学互鉴、求同存异、和谐共处。

四是通过自身经济发展为世界和平稳定做出重大贡献。多年来对世界经济增长贡献率连续超过30%、稳居全球首位。改革开放40年来，货物进出口总额从206亿美元增长到超过4万亿美元，累计使用外商直接投资超过2万亿美元，对外投资总额达到1.9万亿美元。特别是，过去6年来中国携手多国共建"一带一路"，开展机制化产能合作，推进建设境外经贸合作区，中国企业对沿线国家的投资创造了大量就业岗位，有力带动了相关国家和地区发展。

五是面对美国强加的"贸易战"，中国始终主张通过平等对话与协商，按照规则和共识予以妥善解决。中国不接受讹诈，更不惧怕施压。中国的对等还击与精准反制，不仅是在维护自身正当权益，也是在维护自由贸易体系，维护国际规则秩序，维护世界经济复苏的前景，维护世界各国的共同利益。

六是高举构建人类命运共同体旗帜，坚定维护现行国际秩序，深入参与和引领全球治理。秉持共商共建共享的全球治理观，坚定支持"以规则为基础的多边主义"，坚定维护以联合国为核心的国际体系，支持联合国系统在全球治理进程中发挥关键平台作用。支持在维护核心价值和基本原则基础上，对世贸组织进行必要改革和完善。支持各国共同推进"2030年可持续发展议程"，支持应对气候变化的《巴黎协定》尽早生效落实。

事实胜于雄辩，中国绝非"修正主义大国"，而是维护现有国际秩序的"负责任大国"。那么，当今世界究竟谁才是真正的"修正主义大国"呢？对此，2018年的《慕尼黑安全报告》倒是看得非常明白，其一针见血地指出："世界上最强大的国家开始破坏由它所创造的秩序。这个修正力量正坐在白宫。"美国《外交事务》刊登的普林斯顿大学知名教授约翰·艾肯伯里的文章也明确指出，"坚持修正主义世界观的特朗普正破坏自由主义国际秩序"，文章清晰列出具体证据，包括放弃国际主义、放弃美国对自由贸易的承诺、不尊重多边准则和机制等。因此，谁才是"修正主义大国"可谓不言自明了。

中国还是不是发展中国家？

2018年4月6日，美国总统特朗普在推特上发文说："中国是一个经济强权，世界贸易组织认为它是一个发展中国家。中国因此获得很多好处以及优势……世贸组织对美国不公平。"同日，白宫首席经济顾问、国家经济委员会主任库德洛将白宫记者叫进办公室说，"中国是第一世界国家，不是第三世界国家"。

9月7日，特朗普在北达科他州法戈市（Fargo）的一场募捐晚宴上说："有一些国家被认为是发展中的经济体。因为他们还不够成熟，而我们不得不给他们钱，比如中国……我们必须阻止这件事。"同时指称，"美国也是发展中国家，只是发展得比别人都快"。

2018年7月，欧盟提出了世贸组织（WTO）改革的具体建议，随后又发表了"WTO现代化"概念文件，认为"对发达国家和发展中国家无差别的区分已不能反映一些发展中国家经济快速增长的现实"，并成为"WTO紧张情势的主要来源和谈判取得进展的障碍"。9月，美欧日贸易部长第四次会谈认为"过于宽泛的发展分类与自我认定的发展地位，抑制了WTO谈判新的贸易扩展协议的能力，损害了它们的效力"。

2019年1月，美国向WTO提交一份文件，题为《一个无差别的世贸组织：自我认定的发展地位威胁体制的有效性》。之后，美方又追加一份总理事会决定草案，提出按照其设定的相关标准取消一些发展中国家的地位，并不再享受"特殊和差别待遇"。3月1日，美国贸易代表办公室发布的《2019贸易政策议程及2018年度报告》中，再次提到必须改革WTO对发展中国家的对待问题。6月6日，美国佛罗里达州共和党议员、众议院外交委员会亚太小组委员会主席泰德·约霍

（Ted Yoho）说，国会和政府正在努力推动取消中国在 WTO 发展中国家地位。

7 月 26 日，美国白宫发布由特朗普签署的《关于改革世界贸易组织（WTO）发展中国家地位的备忘录》，授权美国贸易代表（USTR）以单边手段解决 WTO 成员的自指定发展中国家地位问题。备忘录要求 USTR 在 60 天内向特朗普汇报工作进展；如 90 天内未能取得实质进展，USTR 在征求贸易政策委员会、国家安全委员会、国家经济委员会等机构意见基础上，将自行判定不应自指定为发展中国家、不恰当寻求"灵活性"的国家，并公布在网站上。美国将不再承认这些国家的发展中国家地位。

备忘录将矛头主要指向中国，称从未接受过中国关于发展中国家地位的主张，大段篇幅指责中国经济已实现"爆炸式"增长，在出口份额、对外投资和引资规模、跨国企业、国防支出等方面指标远超他国。

最早在 1994 年，美国就正式提出中国不是发展中国家的官方立场。该声明的时间和针对性明显，中国最终未能在第二年关税和贸易总协定（GATT）转变成为WTO之际入关。在中美贸易摩擦、世贸组织改革提上议事日程的背景下，美国再打"中国非发展中国家"牌，显然不是一时的心血来潮，需要正面回应。那么问题也随之而来，中国是不是发展中国家？

一、国际机构对发展中国家与发达国家的界定与探讨

1964年前后，发展中国家这一概念才开始出现，并经由联合国在世界上广为流传。但严格地讲，从来就没有一个国际机构包括国际经济机构明确提出过发展中国家的概念，并在法律上予以确定。

世界贸易组织认为，发展中国家是一个广义的范围，包括发展中国家和最不发达国家，但WTO的法律文本中同样也找不到发展中国家的明确概念。《世界贸易组织协定》中的发展中国家条款可分为两类：一类是主动型条款，即成员国可

以采用"自我宣称"的方式表明本国是否为发展中国家。若某国宣称自己是发展中国家且其他成员无异议,那么该国就被视为发展中国家,并在制定国内经济和贸易政策时自主享有协定给予发展中国家的灵活性;另一类则是被动型条款,即有成员国认定某些成员国为发展中国家,并在其贸易政策的制定和实施中给予这些成员以更为优惠的差别待遇。

1995 年 WTO 成立后,原则上号召发达国家尽最大努力帮助发展中国家,但发展中国家并非自动享有关税减让、补贴幅度和更长的过渡期等优惠条件,新加入 WTO 的成员国都需通过双、多边谈判决定是否享有特殊与差别待遇。有研究指出在实践层面,现有的协议规则和条款方面,有 150 条左右有利于发展中国家,但除了关税减让、补贴幅度外,很大部分是虚的。

国际贸易实践上,各个国家倾向于利用某些具有较高公信力的世界组织发布的数据来证明自己的发展中国家地位或质疑他国的发展中国家地位,主要包括联合国开发计划署(UNDP)发布的人类发展指数（HDI）、经济合作与发展组织（OECD）的成员地位、国际货币基金组织（IMF)各国经济发展状况以及世界银行发布的收入水平指标。

UNDP 的人类发展指数对发达和发展中国家的定义是一份"多门功课构成的综合试卷"，人均国民总收入仅是其中的"一门功课"，仅代表一国的经济发展水平。其他"主课"还包括人口健康水平、教育和知识水平、生活质量水平等"人类发展指数"。目前，联合国明确认定了 50 个国家为最不发达国家，44 个为发达国家。

在国际上有一种共识，某个国家一旦加入 OECD 便被认为是经济发达国家，但随着一些取得良好发展绩效的发展中国家如墨西哥、智利、土耳其的加入，这种共识在实际操作中变得难以把握。7 月 26 日的备忘录中明确指出，美国不再承认一些国家的发展中国家地位后，同时也不会支持这些国家的 OECD 成员资格。

目前，国际货币基金组织和世界银行每年都公布各国经济发展状况报告，在报告里，两者分类各不相同。IMF 把各国分为两大组，发达经济体为一组，新兴市场和发展中经济体为一组。新兴市场是个新类别，该类别的经济发展水平和工业化水平比普通的发展中国家高，但在经济社会的总体发展上，特别是在人均收入水平上还是大大低于发达经济体，因此，新兴市场在本质上算是发展中国家中的"优等生"。在 IMF 的分类中，中国被列入新兴市场和发展中经济体，但到底是新兴市场还是发展中国家并未明确。

世界银行则是根据人均国民总收入，将经济体划分为低收入、中等收入和高收入三类。低收入经济体指其 2010 年平均收入在 1005 美元以下，中低收入则是 1006—3975 美元，中高收入为 3976—12275 美元，高收入为 12276 美元以上。低收入和中等收入经济体通常又称为发展中经济体。2010 年中国人均国民生产总值为 4700 美元。在世界银行的分类中，中国属于中等收入国家，因而是发展中国家。

由以上可知，即使是最具权威的国际组织，对于发展中国家的认定或划分，也大多是出于处理国际事务和便利贸易往来需要的技术性规定，而没有在理论上给出明确的概念界定。由于在实际工作中不可避免地要对发展中国家做出划分，通常的做法是将人均国民总收入（GNI）或国内生产总值（GDP）作为衡量一个国家经济发展水平的主要参数。这种做法虽然简单易行，也比较有效，但单纯用 GDP 难以全面地反映一个国家在经济发展、社会进步等方面的状况。比如沙特、科威特的人均收入很高，但显然这并不是发达国家入门的唯一标准。

尽管国际机构对发达国家和发展中国家的分类略有不同，但公认的发达国家只有 30 多个，其中包括大部分欧洲国家、美国、加拿大、日本、澳大利亚等。这些国家人均年收入都在几万美元，是发展中国家的几倍甚至几十倍，其国家经济结构、科学技术和生产力水平也遥遥领先。

按世界银行统计，二战后能够从低收入进入高收入的国家和地区只有两个：一是中国台湾；二是韩国。1960 年有 101 个中等收入经济体，到 2008 年也只有 13 个中等收入经济体进入到高收入，这13个中等收入经济体当中有8个是西欧周边的国家，像西班牙、希腊、葡萄牙，另外5个是日本和亚洲"四小龙"。2006年，世界银行提出了"中等收入陷阱"概念，当一个国家人均GDP突破1000—3000美元这个中等收入"起飞阶段"后，在走向10000美元这个高收入过程中，由于经济社会发展面临各种问题，经济发展长期陷入缓慢甚至停滞状态，始终不能进入高收入国家行列。

本文也认为难有一个明确的判断标准来厘定发展中国家的范围。但根据国际实践和各国实际来看，绝大多数国家的发展中国家地位或发达国家地位不会受到质疑，更不会变来变去。只有个别国家依据不同的判断标准会有所区别，如韩国、新加坡、南非、阿根廷、卡塔尔等。

二、中国仍属发展中国家的历史逻辑与基本国情

迄今为止，没有一个国际组织或国际公约改

变它们对中国是发展中国家地位的定义。

历史上看，目前的发展中国家过去一般都是欧美、日本帝国主义的殖民地、半殖民地或附属国。从1840年鸦片战争到1949年新中国成立的百年时间里，中国由于长期遭受西方及日本列强的侵略与掠夺，经济发展水平极低。严格来讲，中国维护国家主权和发展民族经济只有70年时间，而融入全球经济也就40年的时间。

1978年，中国是当时世界上最贫穷的国家之一。按照世界银行的指标，1978年中国人均GDP仅为156美元，不到撒哈拉沙漠以南非洲国家490美元的1/3。当时，中国81%的人口都生活在农村，以农业为主。84%的人口每天的生活费不到1.25美元，84%的人口生活在国际通用的贫困线之下。经过40年的发展，中国经济取得了巨大成就。2017年，中国人均GDP达到8640美元。按照世界银行的标准，属于一个中等偏上收入的国家。

之所以说中国仍是世界上最大的发展中国家，关键在于中国人口多、底子薄、人均水平低，发展不充分、不平衡、不可持续等问题仍很突出。温家宝总理说过，13亿是一个很大的数字，如果你用除法的话，一个很大的总量除以13亿，都会变成一个小的数目。中国地区差异巨大、城乡差别巨大，以联合国每人每天1.95美元的贫困线标准看，中国尚处于脱贫阶段。中国人均国内生产总值排在世界第71位，人类发展指数全球位列第91位。中国还有3000万贫困人口、8000多万残疾人，需要照顾的老年人口超过2亿，每年需要解决就业人口就达1500万。

不能只看到中国在经济领域取得巨大发展，有了一些发达国家的特征，而没看到中国与发达国家间的差距。中国在社会保障、公共医疗、公共教育、养老等方面的覆盖面和水平都低于发达国家；中国是世界第一大出口国，但出口还以加工为主，缺少世界品牌；中国在技术和劳动生产率方面还明显落后于很多发达国家等等。此外，判断一个国家属于发展中国家还是发达国家的标准还包括其经济发展的稳定性和经济结构的平衡性，在这些指标上，中国仍然与巴西、俄罗斯和印度属于同一行列。中国经济仍将长期处于发展阶段。

需要指出的是，作为最大的发展中国家，中国鉴于自身经济和贸易总量不断发展，并没有要求享受多少给予发展中国家的特殊和差别待遇。研究表明，WTO的特殊与差别待遇方面，仅20条与中国相关，其他无实际意义。其中最实际的是8.5%的农业补贴税，但仍远低于其他发展中国家的10%。中国一直践行削减关税承诺，平均关税水平从刚加入WTO时的15.3%，降至5年过渡期后的9.5%，现仅为7.5%。中国市场开放程度远远高于其他发展中国家如印度、阿根廷等国，而且开放意愿较高。

相反，中国主张自身发展要更多惠及周边国家，多向发展中国家提供力所能及的帮助，实现共同发展。目前，中国通过分享经验、提供援助、培训人员、免除部分国家债务等各种方式支持其他发展中国家加快脱贫。中国迄今已向160多个国家和国际组织提供了近4000亿元人民币发展援助。中国的对外援助坚持不附加任何政治条件，尊重受援国的需要，助力提升各国的自主和可持续发展能力，受到了发展中国家的广泛欢迎。

三、当前美国质疑中国发展中国家地位的时机与动机

伴随中国经济崛起，在某种程度上挑战了西方国家的发展模式和民主制度，各种"中国经济阻碍论""中国经济挑战论""中国责任论""中国超美论""中国威胁论"甚至较早的变相威胁论"中国经济崩溃论"等攻击抹黑论调一直就没有消停过。

有些质疑者并不是因为认识方法上出了问题，而是有着经济和政治利益的盘算。因价值观体系、文化传统以及民族种族等差异，当前中国积极推进"一带一路"建设，资金、企业、人员不断"走出去"，海外利益规模和范围持续扩大，被"关注"几率提升。加之中美贸易摩擦不断升级、世贸组织改革提上议事日程，"中国经济威胁论"再一次升温。

中国还是不是发展中国家？

美国为了维护自身霸权，遏制中国发展，图谋牵头修改WTO规则，根本目的是服务于美国第一、美国至上的需求。通过炒作"中国威胁论"把中国拖出发展中国家行列，目的在于遏制中国的发展，在国际经济利益博弈中迫使中国多做出些牺牲，想让中国承担更多与实际国情不相符的责任和义务，从而使他们本国受益。美国强压WTO改革中国发展中国家地位，就可在多边贸易谈判中以有利于美国的方式打开中国市场，获利更多，减少中国权利，增加中国义务。

把中国拖出发展中国家行列，可以剥夺中国在国际贸易和气候环境等领域能够享受到的优惠条件。美国作为最大的发达国家，本应该保障发展中成员的发展利益，赋予发展中成员实现其经济发展所需要的灵活性和政策空间，但近年来却积极将其与发展中国家"捐助者和接受者关系"转变为"伙伴关系"。中国经济体量大，正好成了美国的"靶子"。

把中国拖出发展中国家行列，在重大国际谈判中如WTO改革上挑拨中国与其他发展中国家的关系，可以达到分化发展中国家阵营的目的。如在发展中国家"特殊和差别待遇"问题上巴西一直与中国、印度等其他金砖国家保持一定的协调。但博索纳罗上台后，美国抓住苗头劝解，巴西立场转变，拒绝联署金砖国家关于 WTO 改革的声明。在美国 1 月提案提出后，中国和印度等 10 个发展中成员于 2019 年 2 月提出了相反立场的分析文件，巴西拒绝联署。3 月，特朗普与巴西总统博索纳罗会晤，在美国支持巴西加入经合组织的前提下，巴西同意开始在 WTO 谈判中放弃"特殊和差别待遇"。

7 月备忘录还指出，二十国集团和经合组织成员的墨西哥、韩国和土耳其也声称拥有发展中国家地位，美国已对其各个击破了。墨西哥与美国签订了《北美自由贸易协定》，享受特殊待遇。美国和韩国签订了《双边自由贸易协定》。3 月美国已提出要取消土耳其普惠制待遇。此外，备忘录还质疑世界上 10 个最富裕的经济体（以购买力平价衡量的人均 GDP）中的文莱、中国香港、科威特、中国澳门、卡塔尔、新加坡和阿联酋拥有发展中经济体地位，这些国家或地区难有还手之力。

在2008年国际金融危机中，中国良好的经济表现引发了发达国家要中国承担"拯救全球经济"责任的呼声。2009年，中国4万亿刺激政策产生巨大外溢效应，更激起了外部对中国经济的过高期望。美国不断拿中国"说事"，夸大中国经济表现，制造"贸易顺差国责任""债权国责任""储蓄国责任""能源消费大国责任""碳排放大国责任"等舆论，形成对中国不利的长期舆论氛围，给国际社会以"世界经济中的任何问题都因中国而起""世界经济形势能否好转取决于中国采取的措施"等印象，进而促压中国在维护世界经济增长、增加国际机构出资额、节能减排、人民币汇率等一系列问题上面临国际压力。

当前，"中国经济责任论"日益呈现长期化、常态化趋势，成为美国"规范"中国发展道路、制衡中国崛起进程的常态化舆论工具。眼下中美爆发的高强度贸易摩擦，更凸显其对中国经济持续崛起的焦虑。此外，一些发展中国家在美国的煽动下搭中国经济"便车"心态加重。随着国际社会对中国经济实力的过高估计和不切实际的期待越来越明显，一些国家已经提出超出中国能力范围的帮助要求。

四、中国发展目标是到本世纪中叶建成社会主义现代化强国，同时在全球成为综合国力和国际影响力领先的国家

中国发展中国家定位的不变与变是自身发展阶段、内外环境变化共同决定的。因此，中国会依自身发展需求和外部环境的变化，综合考虑发展中国家的定位问题。客观上讲，美国质疑中国发展中国家地位也有助中国进一步认识到中美经济实力的真实差距，有助认清自己在世界上的地位。

早在5年前，世界银行旗下"国际比较计划"报告曾称，中国经济最快2014年将超美成全球最大经济体。2018年12月26日，英国咨询机构经济与商业研究中心（Centre for Economics and Business Research）发布了2019年世界经济排行榜。

报告称，中国可能到 2032 年会超过美国，成为全球第一大经济体，这一时间比此前预估晚两年。

据英国著名经济史学家安格斯·麦迪逊统计，1870 年，中国 GDP 是日本的 7.47 倍，但到 1894 年，中国在甲午战争中败给日本。即使在一战前夕，中国经济总量也达到日本的 3.36 倍，但日本军事工业、海陆军实力以及社会管理效率远超中国。美国从经济总量超越英帝国，到最终确立全球霸权，历时近 80 年。二战后英国国力相对衰落，英镑在国际货币体系中的优势地位仍持续至 20 世纪 50 年代，并主导近半的全球贸易，占据超过 50% 的全球外汇储备份额。

经济产量的赶超常导致当事国面临国际生存空间收缩的不利局面。古希腊时期，雅典经济实力的快速增长，引来斯巴达的猜忌。20 世纪 80 年代末 90 年代初，日本经济总量一度接近美国的 70%，引发美国战略遏制。美国通过"东京回合"国际经贸谈判和"广场协议"，以贸易和金融两手，重挫日本的实力和雄心。

中日邦交正常化以来，两国关系在世纪之交

之后出现趋势性转变。2000年之前，中日友好合作是主流，但随着双方经济实力地位的互换，中日GDP排名"新座次"催生双边"新关系"。2001年，中国实际GDP（PPP）首次超日；2010年，名义GDP（汇率法）超日，日本在亚洲近百年来"领头雁"地位被中国取代，触发日本多方面反弹。

经济总量一向是衡量大国间实力变化的敏感指标。但以上例子中历次GDP的座次大变化显示，经济产值的超越并不能立刻带来权力格局的转变，相反往往引发其他大国的战略围堵。历史上的"GDP超越"多产生"累赘效应"，虚名之下，当事国未见其利，反受其累。

针对新一轮美西方对中国发展中国家地位的发难，中国需要声明立场，谋划长远，当务之急是向世界发出清晰、理性的中国声音，以官方、非官方途径声明中国对自身发展中国家定位的认识及原因；加强世界对中国发展现状存在时间差、地区差、收入差等发展复杂性的认识；在适当的时候声明中国有清晰的发展路线图和时间表，并承诺未来将承担更多责任、义务，最大限度地赢得突破发展瓶颈和短板的时间。鉴于美国是否认中国发展中国家地位的"急先锋"，中国要集中力量反制美对华遏制和打压。

针对重建 WTO 发展中国家规则或分类的工作较难和复杂，中国可建议谈判定标准，先可考虑回避身份问题，在身份认定上模糊处理，在具体谈判上不言明为发展中国家或发达国家，但操作上面向未来，具体问题具体分析，针对具体产业发展分议题谈判。中国可参照他国做法，详细分析与美欧日利益竞争现状，评估产业发展需保障及开放的程度，考虑承担有差别的责任。

当前，WTO 所有成员均认为需改革规则体系，中国于 2019 年 7 月提出关于改革的 7 个建议，向世界表明了支持改革、坚持原则的 WTO 改革取态。中国正积极促进 WTO 改革，必须秉持以下重要原则：坚持不破坏国际贸易多边体系；坚持适应未来科技的发展方向；坚持对世界上大多数发展中国家和贫困国家的特殊与差别待遇；坚持有利于全球生产要素的流动、重组、集聚和社会化大流通；坚持中国的市场经济地位。从较长时期看，提前谋划并提出改革现有国际规则如数字经济浪潮下新业态规范，有利于改善包括中国在内的世界经济发展环境。学者建议可考虑组建致力于WTO改革的中国团队，适时与欧日美等发达国家共同推进改革，争取促成与其他发展中国家联合发表有关声明。

中国始终是发展中国家，更多是指中国不走西方国家"国强必霸"的老路。那么，中国何时能真正成为发达国家呢？按照中国共产党十九大报告的部署，中国全面建设社会主义现代化国家将分两个阶段来安排：第一个阶段，从2020年到2035年，在全面建成小康社会的基础上，再奋斗15年，基本实现社会主义现代化；第二个阶段，从2035年到本世纪中叶，在基本实现现代化的基础上，再奋斗15年，把中国建成富强民主文明和谐美丽的社会主义现代化强国。届时中国将在全球成为综合国力和国际影响力领先的国家，发展中国家和发达国家标签的争论也就告一段落了。

中国是不是市场经济国家？

2017年10月26日和12月20日，美国商务部和欧盟委员会先后发布针对中国经济的评估报告，详细"论证"中国经济中存在的种种"扭曲"现象，拒不承认中国的"市场经济地位"。2018年3月和11月，美国政府又接连发布针对中国的《301调查报告》和更新报告，进一步列举中国种种抑制市场、扭曲市场的行为，指责中国未完全遵守在WTO框架下做出的以市场化为导向的改革承诺。上述报告将中国取得的巨大经济成就"归咎"于中国经济体制中的种种"非市场因素"，认为中国是通过严重"扭曲"市场"骗取"了经济成功。那么，中国到底是不是市场经济国家呢？

"市场经济地位"和"市场经济"是一回事吗？市场经济的核心标准是什么，中国符不符合标准呢？

实际上，无论从各国的实践探索还是从经济思想史的演化来看，市场经济模式并非只有一种，更无正统与异端之别。每一种取得成功的市场经济模式都是将市场经济的基本原则与本国历史、社会、文化、制度等特殊基因相融合的产物。任何市场经济模式也非亘古不变的宗教，即便是在历史上取得成功的模式，也须常改常新、与时俱进，不断通过调整市场经济的结构框架来适应现实发展的需要。

一、"市场经济"有模式之别、无正统之说

在探讨什么是"市场经济"之前，有必要将"市场经济"与"市场经济地位"两个概念进行区分。

"市场经济地位"是国际贸易体系中的一个特定的技术性术语，是 WTO 框架下适用反倾销、反

补贴等贸易救济工具的前提条件。苏东剧变后，其主要针对转型经济体，目的是推动其向西方认可的经济制度转型。在实践中，由于 WTO 缺乏足够的解释权威，各成员国对"市场经济地位"的界定表现出很强的主观性和随意性。例如，美国和欧盟在否认中国"市场经济地位"时，给出了不尽相同的原因和标准。正因为"市场经济地位"是一个具有浓厚政治含义、解释空间大、应用弹性强、可交易性非常强的技术性术语，即便是大部分成员国已经承认中国的"市场经济地位"，美、欧、日等少数国家依然可以基于自身的利益和理解加以否认。

相较而言，"市场经济"则是一个理论性很强的经济学概念。理论来源于实践，理论是实践经验的总结。随着国际实践的发展，与旧有理论相悖的"市场经济模式"不断涌现，关于何为"正统""市场经济模式"的争吵一直在继续。尽管不同理论均认为"市场经济"的本质是让市场发挥资源配置的核心作用，各类价格由市场供需决定，但在市场与政府的关系，特别是政府在不同经济发展阶段中应当承担的责任等关键问题上，长期存在较大的争论。

"自由主义市场经济模式"产生于英国、兴旺于美国，并随着英国和美国先后确立全球霸权地位，对国际经济产生巨大影响。这一模式催生了自由主义经济学说，它崇尚个人奋斗，轻视政府权威，认为通过每个人对私利的追逐就可以推动整个经济社会的进步。

与之不同，遭受过两次世界大战摧残的欧洲大陆格外珍视社会和谐，强调政府对经济平稳运行和社会公平正义的守护作用，强调企业、职工、股东、债权人、行业协会、社区共同参与经济决策、分享经济发展成果。日本和东亚诸国在追赶式发展的道路上，在政府极富前瞻性的引领下，经济取得快速发展。欧、日模式曾受到美国的强烈指责，分别被贴上"社会主义""国家干预主义""国家发展主义"等各种标签，并在美国压力下进行了一些结构性改革，但基本理念和特征仍得到保留。

美、欧、日经济模式虽然差异巨大，但并不

妨碍三大经济体承认这些均为"市场经济"的不同衍生模式，而非存在市场经济与非市场经济的分野。如将计划经济和市场经济分别视为经济模式光谱上的左右两端，处于最右端的是美英"自由主义市场经济"模式，往左依次为欧洲"社会市场经济"模式和东亚"国家发展主义"模式，后两者也被一些西方经济学家称为"混合经济模式"。

从20世纪八九十年代西方经济模式大争论中能够得出的结论是，没有所谓"正统"的"市场经济模式"，主要大国均试图将市场经济的基本原则与自身历史、社会、文化、制度基因相融合，以寻求最适合自身的发展道路。

改革开放40年来，中国的改革实践催生了一种新的市场经济模式，即"中国特色社会主义市场经济"。这一模式中，各类价格也主要由市场供求决定，不仅具有东亚"国家发展主义"模式的某些特点（例如，中国的产业政策主要学习日本），也与欧洲"社会市场经济模式"珍视社会和谐稳定的核心价值理念相通。

二、中国社会主义市场经济显现出巨大优越性

中国具有自身特色的社会主义市场经济是众多市场经济模式中的一个，也是近年来在促进经济增长方面表现相对较好的一个。

（一）从体制变迁的历史维度来看，经过 40 年改革开放，中国已从社会主义计划经济体制演化为社会主义市场经济体制

中国经济是社会主义政治制度与市场经济运行机制相结合的产物。政治属性上，它与西方资本主义市场经济不同，强调社会主义的政治理念；经济属性上，它尊重和强调市场规律在经济运行中的核心作用，与西方国家的市场经济没有本质差异。

在社会主义国家建立市场经济是中国共产党最伟大的创举之一。改革开放初期，中国社会长期被社会主义计划经济与资本主义市场经济两分法所困扰，围绕"计划"与"市场"的关系数度

爆发激烈理论争论。1992年初，邓小平发表南方谈话，明确指出"计划经济不等于社会主义，资本主义也有计划；市场经济不等于资本主义，社会主义也有市场"的科学论断，打破了长期禁锢人们头脑的传统观念。1992年10月召开的党的十四大，明确提出建立社会主义市场经济体制的改革目标。1993年11月，十四届三中全会做出关于建立社会主义市场经济体制若干问题的决定，提出应从建立现代企业制度、培育和发展市场体系、转变政府职能、合理个人收入分配和社会保障制度、深化农村经济体制改革、深化对外经济体制改革、进一步推动科技体制和教育体制改革、加强法律制度建设、加强和改善党的领导等九大方面构筑社会主义市场经济体制的基本框架。

1992年之后，中国特色社会主义市场经济改革如火如荼推进，大致可分为两个时期：第一个时期从1992年到2005年（即"十五"计划的最后一年），经过13年的奋斗和努力，中国基本建立了社会主义市场经济体制；第二个时期从2006年至今，中国政府通过改革持续完善中国特色社会主义市场经济体制。

经过多年改革，市场经济的核心价值——价格由市场供求决定成为中国经济的显著特征。全国统一的消费品和生产资料市场已经建立，劳动力、土地、资本、技术等生产要素市场得到迅速发展。竞争性领域和环节价格基本放开，市场调节价的比重从1978年的3%上升到近98%。利率、汇率等金融领域的价格市场化改革也在有条不紊地推进。随着价格形成市场机制的建立，市场供求格局发生根本性改变，商品短缺和凭证供应的时代一去不复返。

（二）从经济模式的发展检验维度来看，中国特色社会主义市场经济成功助力中国在较短时间内成长为全球第二大经济体，表现出巨大的经济活力和竞争力

随着改革不断推进，中国对市场与政府关系的理解也不断深入。市场是配置资源最有效率的机制，是发展社会生产力、实现现代化的必然途径，但市场调节有自发性、盲目性、局限性等特点，市场失灵会对经济造成巨大破坏。政府能够从社会整体利益和长远利益出发引导市场和社会经济发展，从宏观层次和全局层面配置重要资源，促进经济总量平衡，协调重大结构关系，提供非竞争性公共产品和服务，促进社会公平正义，逐步实现共同富裕，但政府调节也易受信息不充分、决策主观等影响。因此，建设社会主义市场经济就是要将市场"看不见的手"与政府"看得见的手"有效配合。过去20多年的实践表明，中国特色社会主义市场经济较好地协调了"两只手"的作用，推动经济获得较快发展。

经济实力迅速提升。40年前，中国刚刚从计划经济向市场经济转型时，是世界上最贫穷的国家之一，人均GDP只有156美元，甚至不到撒哈拉沙漠以南国家490美元的1/3。但在过去40年中，中国经济的平均增速达到9.5%，经济总量增长200多倍，已成长为世界第二大经济体、主要贸易国和对外投资国，制造业总量连续多年稳居世界第一。2017年，中国人均GDP达到8640美元。在人类历史上，还从未出现过如此高水平的长期增长。而且，在如此长时间的高速增长中，中国一直没有爆发金融危机。

公有制经济和私营经济繁荣共生。改革开放40年来，中国的民营经济从无到有，从小到大，从弱到强，在促进增长、推动创新、增加就业、改善民生方面发挥了重要作用，与公有制经济形成良性互动、取长补短的繁荣共生关系。现在，中国每天有超过1.8万家企业破土而生，过去5年市场主体数量增加近80%。截至2017年底，民营企业数量超过2700万家，个体工商户超过6500万户，注册资本超过165万亿元。民营经济贡献了50%以上的税收，60%以上的国内生产总值，70%以上的技术创新成果，80%以上的城镇劳动就业，90%以上的企业数量。

创新能力日益增强。高质量的教育体系、巨大的市场、知识产权保护体系和企业创新精神等相互交织，推动中国整体创新能力不断增强。因拥有鼓励技术创新的市场与生态，中国已迅速崛起为全球最有活力的创新中心之一。越来越多的中国企业进入到高新技术领域和新兴领域，部分企业已在高新技术、新业态等细分领域处于领跑地位。

开放程度不断提高。中国正经历从全球主要贸易国向全球主要市场的转变，为世界经济发展注入巨大活力和强大动力。2008年国际金融危机爆发后，中国的大门越开越大，开放度越来越高，与某些高举保护主义旗帜的发达国家形成鲜明对比。2018年6月底，中国政府公布2018年版外商投资准入负面清单，外资进入银行、证券、汽车制造、电网建设、铁路干线路网建设、连锁加油站建设等一系列限制被取消。

（三）从经济模式的社会检验维度来看，中国特色社会主义市场经济成功推动经济、政治、社会、文化、科技的良性互动和均衡发展，综合国力蒸蒸日上

从实践的角度来看，评价哪种经济模式更优的标尺，从来不是哪种经济模式赖以建构的理论模型有多么精巧、多么理想化，而是哪种经济模式真正带来了经济社会的发展、民众生活质量的

提高、社会政治的稳定和综合国力的提升，真正经得住时间的检验和人心的考验。改革开放40年，中国取得了巨大成就，人民生活从温饱不足发展到总体小康，即将实现全面小康，7亿多人摆脱了贫困。这样的发展奇迹，在人类历史上不曾有过。最近5年来，每年城镇新增就业人数在1300万人以上。截至2017年末，全国就业人员超过7.7亿人。一个世界上规模最大的全民医疗保险体系和社会保障制度初步建成，覆盖10.5亿城乡居民的大病保险制度全面建立。截至2017年底，全国分级诊疗试点城市数增至321个，人均预期寿命提升至76.7岁，医改福利正不断筑牢亿万民众健康幸福的民生之基。经济迅速增长还促进了社会安全网的拓展和完善，社会治安良好且犯罪率低，中国也成为全球最安全的国家之一。

三、市场经济建设没有完成时

对于所有国家而言，市场经济的建设没有完成时，只有进行时。中国的社会主义市场经济是

中国是不是市场经济国家？

一个不断完善的建设过程，但它的发展方向绝不是弱化政府的经济、社会治理职能，而是寻求能让政府、市场、社会更加良性互动的共生生态。十八大期间，中国不断深化市场经济改革，包括实施负面清单制度，市场壁垒进一步消除；推进商事制度改革，市场主体活力持续增强；价格改革和投融资体制改革取得重大突破，市场竞争更加公平有序；营改增全面完成，利率汇率市场化改革取得新突破，社会信用体系加快建设等。十九大报告指出，应进一步通过改革加快完善社会主义市场经济体制，"使市场在资源配置中起决定性作用，更好发挥政府作用"。未来改革方向包括完善产权制度和要素市场化配置，实现产权有效激励、要素自由流动、价格反应灵活、竞争公平有序、企业优胜劣汰。

中国人常说"见贤思齐"。改革开放40年来，中国通过借鉴他国、改革自身，释放出巨大的经济活力。同样，发达国家面对近年来国内社会矛盾激化、国际竞争力下滑等问题，也应多借鉴他国的成功经验，并主要从弥补自身不足寻找解决问题的答案，一味神化并强行推销自己的问题模式，或一味对其他国家的成功模式口诛笔伐，都无益于自身问题的解决。相较于用放大镜"审查"其他国家的发展模式，西方国家更有必要对自己的经济模式进行严肃而深刻的反思。

反思领域一：在经济高度发达阶段，政府如何促进市场的平稳发展？对于2008年全球金融危机的爆发，美国自由主义市场经济模式有不可推诿的责任。以美国过于放任的金融监管为例。危机之前，美国金融监管部门被"自由放任"的自由主义经济理论洗脑，存在疏于监管之过；危机之后，美国监管部门从沉睡中"苏醒"，对国内乃至国外受到危机沉重打击的金融机构处以重罚，存在助推危机之嫌。美国监管部门这种前有渎职怠政之失、后有矫正过猛之嫌的做法，难道不是对市场失灵的极度放任和对市场机制的巨大扭曲？

反思领域二：过度强调个人成功而忽视社会整体和谐发展的"自由主义市场经济"模式是否具有国际推广的可行性？冷战结束后，"自由主义市场经济"模式被过度神化，但其国内也有一些清醒的反省。正如一位美国经济学家指出的，"自由主义市场经济"模式也有许多缺陷，其中之一是崇尚胜利者的价值观，社会容易走向贫富分化。国际上，新自由主义经济学说的海外推广版"华盛顿共识"将许多新兴市场和发展中国家陆续推入危机。无数代价高昂的例子说明，对市场自我调节机制的过度迷信和政府功能的过度退却并不可取。对于发展中国家而言，忽视自身经济发展阶段，盲目移植他国"自由主义市场经济"模式存在巨大风险。2008年国际金融危机后，西方社会对自由主义经济理论进行了反思，规模不可谓不大。但仅过去数年，国际金融危机的阴影尚未消散，西方社会再度要求中国以"自由主义市场经济"模式为模板推动所谓"市场化改革"，无视中国自身的探索和实践在促进本国和全球经济发展中做出的巨大贡献，实在是匪夷所思。

反思领域三：在经济全球化大潮不可逆的时代背景下，在新兴经贸领域不断涌现的情况下，政府如何界定这些新市场的边界和游戏规则，如何更好地培育这些新市场，使各方都能获得公平、公正的发展机遇，需要主要经济体共商共策，而非各行其是，更非互相拆台甚至高筑保护主义藩篱。正如一些西方学者指出的，新兴的市场（如电子商务、数字经济、高新技术）可能与现行竞争法规规范的传统市场迥异。例如，没有金钱易手也可能存在"市场"，对集中度的评估不应忽视无形资产，巨型企业可以通过购买来扼杀潜在竞争者。发达国家经济中的垄断特征越来越明显，或对自身创新能力和经济活力产生巨大抑制，亟需通过检视和改革竞争法规来确保新兴行业的健康发展。在经济交往越来越频繁和密切的今天，各国有必要以合作而非对抗、互鉴而非互攻的心态，在推动自身改革和多边改革上协力合作，通过制定能反映各方利益诉求、能被共同遵守的交往规则来捍卫共同的发展利益。

"一带一路"是地缘政治战略吗?

2017年12月17日,特朗普的前顾问斯蒂芬·班农在日本东京的一次演讲中称,"'一带一路'是中国真正大胆的战略扩张",是集合了麦金德、马汉和斯皮克曼的三大地缘政治战略的完整计划。但六年多的实践和事实已经证明,"一带一路"建设不是所谓的"地缘政治战略",而是中国参与和引领全球开放合作的重大倡议,它强调规划对接、互联互通,目的就是消除地缘政治带来的隔阂,旨在推动沿线和世界各国分享中国的发展机遇。联合国秘书长古特雷斯认为,"一带一路"倡议不仅涉及经济合作,也是旨在通过经济合作改善世界经济的发展模式，是使全球化更加健康、进而推动国家治理和全球治理的路径。

一、美国的错觉与曲解

"一带一路"倡议触碰到了美国的敏感神经。"一带一路"倡议在空间走向上与第二条欧亚大陆桥和中国西行的远洋航线基本重合。美国一直极为重视"一带一路"倡议涉及的欧亚大陆。美国地缘战略学家布热津斯基曾经指出，"对美国来说，欧亚大陆是最重要的地缘政治目标"，"能否持久、有效地保持在欧亚大陆举足轻重的地位，将直接影响到美国对全球事务的支配"。美国国家情报总监科茨、国防情报局局长阿什利等称，中国在全球范围内利用经贸等手段构建自身地缘战略地位，对美国的影响力构成威胁。美国副总统迈克·彭斯发表措辞严厉的讲话，指责北京采取"全政府"战略来削弱美国经济和政治制度。特朗普政府发布的首份《国家安全战略报告》将中国明确定义为"修正主义国家"和"对手"。

"一带一路"是地缘政治战略吗？

在这样的背景和风向下，再加上对于大国而言，所有的经济议题"天然"具有的战略意义，美国的学者和媒体也就更倾向于从地缘政治的现实主义视角解读"一带一路"的内涵。美国的媒体及研究者认为：中国提出"一带一路"是为了应对美国战略重心东移和遏制中国的一系列制度安排；中国抓住俄罗斯影响力相对下降以及美国从阿富汗撤军的机会，成功扩大了自己在中亚的影响，这挑战了美国在中亚的利益；中国在中亚的动作是对美国亚洲"再平衡"政策的反制；中国在"一带一路"中利用"债务外交"扩大全球影响力，采取"掠夺性经济行为"，将"难以偿还的巨额债务"施加于其他小国等。

地缘政治战略主要讨论的是国家政治行为与地理位置的关系，狭隘地用东方与西方、你们与我们等二元的空间想象来讨论外交政策和国家行为，体现了国家为了谋求生存空间的政治和军事斗争关系，带有典型的零和博弈的性质。用地缘政治战略狭隘地解读中国的"一带一路"倡议，只是美国和西方缺乏对中国战略文化理性认识的一个新的例证。基辛格在《论中国》中指出，中国对历史的理解与西方截然不同，这种观念差异对中国的战略行为具有重要影响。西方认为历史是一个通往现代化的进程，其间人类在一次次与邪恶和退步力量的较量中大获全胜；中国传统的历史观则强调衰落与复兴的循环过程，在这个过程中，人们可以认识自然和世界，但无法完全掌控，因此中国看重和谐，施加于敌手的策略和政治主要是实现共存而非赶尽杀绝。

美国战略与国际问题研究中心（CSIS）的斯科特·肯尼迪认为，"一带一路"倡议对中国而言具有重要的经济与政治意义，考虑到目前中国国内经济所面临的挑战，前者或许更为重要。美国海军战争学院的詹姆斯·霍姆斯也表示，"一带一路"不是现代版的"柏林—巴格达铁路工程"，它目前看起来只是一个间接带有外交、安全和军事意涵的经济计划。实际上，特朗普很早就注意到丝绸之路所在的欧亚地区，也主要是出于经济原因。2007年，作为商人的特朗普展现了精明的眼光，他在哈萨克斯坦、乌兹别克斯坦、吉尔吉斯斯坦、土库曼斯坦、阿塞拜疆和亚美尼亚等国注册了自己的品牌,当时曾打算生产一种品牌伏特加,并开设酒店和赌场。

习近平主席明确指出,共建"一带一路"倡议源于中国,但机会和成果属于世界,中国不打地缘博弈小算盘,不搞封闭排他小圈子,不做凌驾于人的强买强卖。共商共建共享是"一带一路"建设的重要指导原则,遵循平等,追求互利,充分尊重各国差异,共同探讨符合各国国情的合作模式,实现优势互补,协同并进,不断增强各方的获得感。《超级版图》作者康纳指出,世界正由自然地理、政治地理到功能地理演化。这里的功能地理最重要的方面就应该是通过合作释放各国发展潜力,实现发展大联动,解决发展不平衡的问题。

而"'一带一路'会增加发展中国家债务压力"的提法,更是与历史和事实不符。中国"一带一路"建设实际上给发展中国家解决了融资难题,带来巨大推动。比如中国融资并建设的蒙内铁路,已经为肯尼亚创造了近5万个工作岗位,中巴经济走廊2016年为巴基斯坦国内生产总值增长贡献了2.5个百分点。把发展中国家因历史原因而主要源于美欧国家的债务存量负担一味归因于中国的无端指责，已经引起相关发展中国家的不满。斯里兰卡驻华大使表示，所谓中国政府把斯里兰卡拖入"债务陷阱"的说法是完全错误的。巴基斯坦财长也驳斥了美方有关"中巴经济走廊建设引发巴债务危机"的言论。非洲国家政府批驳所谓"中非合作加重非洲债务负担"的谬论，表示来自中国的资金支持和帮助不附加任何政治条件、不干涉他们国家的内政，纷纷称赞中国是非洲发展振兴最可信赖的伙伴。

"一带一路"建设弘扬的就是丝绸之路和平友好、开放包容的精神，不搞排他性的制度设计，不针对第三方，不经营势力范围，任何有合作意愿的国家都可以参与，是一项完全开放的合作倡议。阿拉伯国家在中阿合作论坛框架下的研讨会上表示，他们之所以对"丝绸之路经济带"充满期待，是因为中国在推进倡议过程中，采取平等开放的态度，不谋求私利，不搞势力范围，不干涉他国内政，不强加于人，也不与其他大国和既有机制竞争。

国外媒体也认为，就在北京"无时无刻不在丝路结交朋友"的时候，实际上美国却因自身原因而与欧亚大陆产生了疏离。此外，美欧严厉制裁俄罗斯，美国退出伊核协议"正中德黑兰强硬派下怀"。美国制裁伊朗却伤害了印度，因为印度1/3的石油来自伊朗。美国暂停对巴基斯坦的安全援助"进一步拉近巴基斯坦与中国的关系"。美国出台制裁俄罗斯武器出口的法令，影响到自身与沙特、土耳其等国的关系。

二、中国的有为与梦想

2013年中国提出"一带一路"倡议时，只是希望为全球经济治理"添砖加瓦"。国际社会没有预见到其后经济全球化形势会发生如此之大的转变。五年来，英国"脱欧"、特朗普掀起单边贸易保护主义恶潮、欧洲民粹主义走向政治前台等，新自由主义思潮推动的全球化扩张已经难以为继。

以英国"脱欧"和美国"退群"为标志,二战以来英美为代表的新自由主义国际政治经济秩序面临解体风险。美国外交学会会长理查德·哈斯批评美国正在"摧毁自由世界秩序"。时与势的变化已经把中国的"一带一路"建设推到一个新的历史高度,有望成为新型全球化和全球经济治理的骨干和支撑,"一带一路"所承载的国际责任和历史意义也超出人们原来的想象。"在理念上更加注重开放包容,方向上更加注重普惠平衡,效应上更加注重公正共赢","一带一路"倡议将更好地引导全球化的走向。

全球化是需要客观动力的,大卫·哈维根据马克思的《资本论》提出,资本积累会遭遇周期性经济危机,而技术进步和空间转移可以延缓经济危机的发生,即所谓的"技术修复"(technological fix)和"空间修复"(spatial fix)。哈维强调,资本积累离开空间扩展和空间重组难以维系。20世纪70年代,以两次石油危机为标志,西方国家战后的繁荣期戛然而止,随后陷入严重滞胀。20世纪80年代,美国的里根和英国的撒切尔一起放弃了凯恩斯主义政策，开始拥抱新自由主义经济思想，推动各国放松管制，促进商品、资金、信息和劳动力的全球流动。随着20世纪90年代冷战的结束和交通信息技术的进步，全球化进入一个新的黄金阶段，国际资本进入"平的世界"。2008年国际金融危机的迷雾逐渐消散后，国际社会蓦然发现经济全球化已经来到十字路口。面对"世界向何处去"的时代之问，以"一带一路"倡议和人类命运共同体理念等为代表的中国方案、中国理念正因其有为和有效而被越来越多国家接受。

在当前美国等西方国家希望选择性地打造横亘在中国周边的"经济铁幕"之际，我们回顾历史，感慨良多。中华民族自西汉开拓凿通"丝绸之路"开辟中外交流新纪元，将东西方之间的"珠帘"拉开。"丝绸之路"西端是人类文化发端最早的地中海东部沿岸地区，包括古代埃及、古代希腊、两河流域，东端是"广地万里，重九泽，德威遍于四海"的中国，而中间包括古代波斯、古代印度等重要枢纽。"丝绸之路"不仅促进了东西方商贸、文化、宗教等的融汇，还促进了科学技术的发展，东罗马帝国、阿拉伯大食帝国、印度和波斯帝国的科技，包括天文学、医药、建筑技术、制糖技术、缝合木船技术等传入中国，推动了中国的科技发展。而作为"丝绸之路"价值链顶端的丝绸，中国在养蚕技术、丝织和产业化等领域具有明显领先优势，但中国并没有排斥养蚕、指南针、火药等技术沿着"丝绸之路"传播，推动了包括西方在内的世界文明的演进。中华民族在历史上就是世界和平和繁荣的源泉。

只有创造过辉煌的民族，才懂得复兴的意义；只有经历过苦难的民族，才对复兴有深切的渴望。实现中华民族伟大复兴是近代以来中华民族最伟大的梦想。"穷则独善其身，达则兼济天下。"中国梦的实现不仅关乎中国的命运，也关系着世界的未来。面对中国地位和能力的提升，国际社会出现了一些曲解和误读，有的人将中国梦歪曲为"扩张梦""霸权梦"，"一带一路"建设也遭到曲解和误读。而"一带一路"建设六年来的历程已经证明，历史也必将证明，实现中国梦给世界带来的是机遇而不是威胁，是进步而不是倒退，是合作共赢而不是零和博弈，将带给世界更为持久的和平与繁荣。

三、世界的共识与机遇

英国学者弗兰科潘在其所著的《新丝绸之路》一书中提醒，"东方迎来日出不代表西方迎来日落"，美国等西方国家学者和政府应摆正心态，早些找到"内在的平和"。已经有部分美国学者认为，美国在"一带一路"框架内发挥更具建设性的作用不一定会削弱美国，但"站在一边生闷气而任由中国打地基"，则注定会削弱美国。

动辄给别国发展倡议扣上"地缘政治战略"的大帽子，一方面暴露出美国对自身地位和实力衰落的恐慌，另一方面也体现出美国缺乏建设性的国际公共产品供给的意愿和能力。美国不能仅仅用美元和美军体系的收缩和崩溃来胁迫其他国家加大分担成本以支撑这一体系。美国尤其是特朗普上台以来的所作所为、不作为或者兼而有之，已经成为世界秩序最大的不稳定之源。"美国优先"原则在美国主导的二战后整个国际政治经济体系构建和运行中已经得以充分体现，不是特朗普突然发现的，美国从1945年开始就是这个制度体系最大的受益者。美国独享"优先"红利真正依靠的是别国还难以提供的美元作为全球关键储备货币地位，占不对称优势的美军实力和横跨欧洲、亚洲的联盟网络。而当前这些支柱都在受到削弱，显然与美国因错觉造成的战略误判有关，而特朗普选择的政策方向将加剧美国的衰退。

脱离整个国际政治经济制度体系的支撑而空喊"美国优先"，特朗普依靠任何国家都可以使用的理由（国家安全），任何国家都可以使用的手段（单方面征收关税等），来维护美国的"优先"特权。"以利交者，利穷则散；以势交者，势倾则绝"，美国最后也许势、利两空，什么都得不到。法国批评英国既想脱离欧盟，又想保留原来留在欧盟内享有的好处，警告如果允许这样，将向其他欧盟国家发出错误的信号，最终会造成"欧盟的终结"，相对于英国的未来，欧洲的未来更重要。同样道理，美国再三退出现有的国际政治经

"一带一路"是地缘政治战略吗？

济制度体系，不愿意承担应尽的国际责任和义务，国际社会为什么还允许美国享受"优先"的特权呢？为什么不寻求让美国承担"退群"的成本和后果？为什么还支持美元作为全球主要货币呢？国际秩序和全球繁荣的未来不应该再维系在一个处处强调自己优先的不稳定、不正常国家身上。

面对动荡不定的大世界，面对百年不遇的大变局，"有的国家在筑墙，而有的国家在修路，这正是理念的不同"。美国和西方的治理理念、体系和模式越来越难以适应国际格局和时代潮流。以"一带一路"倡议为代表的中国方案顺应了时代潮流，适应了发展规律，符合各国人民利益，具有广阔的前景。在经济全球化深入发展的今天，弱肉强食、赢者通吃是一条越走越窄的死胡同，包容普惠、互利共赢才是越走越宽的人间正道。

就"一带一路"所涉及的区域而言，无论是两千年前还是当代，中国都是世界大国，为沿线区域提供经济、社会和文化的合作平台，是中国作为大国的利益所在，也是责任使然。中国的发展得益于国际社会，也愿为国际社会提供更多公共产品。习近平主席在 2014 年 8 月访问蒙古国时就表示:"欢迎大家搭乘中国发展的列车,搭快车也好,搭便车也好,我们都欢迎。中国开展对发展中国家的合作,将坚持正确的义利观,不搞我赢你输、我多你少,在一些具体项目上将照顾对方利益。中国说的话,承诺的事,一定会做到、一定会兑现。"大国就该有大国的样子!大国领袖就该有这样的风范和担当!

六年多来,中国"一带一路"倡议,因其开放合作共赢的理念,不断获得国际社会的高度认同;因其共商共建共享的原则,不断开创合作领域的崭新局面;也因其包容务实的特质,不断增加落地国人民的幸福感和获得感。共建"一带一路"国际合作走向深入,亮点纷呈。2013—2018年,中国与沿线国家货物贸易总额超过 6 万亿美元,对沿线国家直接投资超过 900 亿美元,为当地创造了 24 万个工作岗位。2019 年,中国举办第二届"一带一路"国际合作高峰论坛,成为共建"一带一路"进入新阶段的重要标志,并推动共建"一带一路"取得更高质量、更高标准、更高水平发展。

美国帮助"重建"中国了吗?

2018年10月4日,美国副总统彭斯在智库哈德逊研究所就特朗普政府对华政策发表演讲,不仅对早期中美关系的阐述有诸多不实之词,而且附和特朗普所谓美国"重建中国论"。言下之意,中国过去40年的发展成就源于"美国的恩赐"。所谓美国"重建中国论"与"美国恩赐论"近期在美流传甚广,两论虽是对华持有政治偏见的保守派学者的一家之言,却被特朗普政府奉为圭臬,不但主导行政部门对华战略思维,而且严重毒化中美关系发展的舆论与社会环境。本文拟对彭斯的相关言论做出回应,以正视听。

言论一:"在独立战争之后,当我们年轻的国家寻求新的出口市场时，中国人对带着人参和皮毛的美国贸易者敞开了大门。"

毫无疑问，始于1784年的美国商船"中国皇后"号到达广州的中美贸易关系起初是互惠互利的，但随着美国商贩卖鸦片、美国追随其他西方列强凭坚船利炮打开中国大门，中美关系就演变成反殖民运动与殖民运动间尖锐的斗争关系，中国人对美国等西方殖民者绝非满心欢喜地"敞开大门"、敲锣打鼓地笑脸相迎，而是满怀耻辱地被迫开放通商，并转而奋起反抗，维护国家的利益和中华民族的尊严。

早期的中美贸易为美国资本主义发展提供了资金，也为中国带来白银收入。数据显示，1805—1833年美国输华货物总值约5029万美元、白银价值8944万美元。但是为牟取高额利润和减少贸易逆差，美商从19世纪初开始贩卖鸦片，严重毒害中国人的身心健康。大批通过走私鸦片迅速致富的美商其实对这一罪行心知肚明，但在美国政府的纵容和巨额利润的诱惑下，他们不惜泯灭自己的良心。例如通过在华贩售鸦片获得"第

美国帮助"重建"中国了吗?

一桶金"的美国商人罗伯特·本尼特·福布斯晚年致信妻子时就对自己的行为有所反思,并坦承鸦片贸易"使人思想堕落,摧残身体,吸干国家的金钱"(参见约翰·海达德:《初闯中国:美国对华贸易、条约、鸦片和救赎的故事》)。

当特朗普口口声声反对芬太尼毒害美国人的时候,他可能不知道200多年前,美国政府对美商在华从事鸦片贸易基本上采取放任自由的态度,因为这从根本上讲符合美国早期的海外扩张政策,并且为该国资本主义发展提供了必要的资金积累。据统计,1816—1833年,美商走私鸦片总额近649万美元,这成为早期中美关系中的重大污点。如上所述,鸦片流入中国,给中国人民带来巨大的灾难,可谓"近害则耗民财,远害则伤民命,贻害无穷"(参见《筹办夷务始末》)。由此,中国从政府到民众,从反对鸦片贸易到反对外来殖民统治的百年抗争史拉开帷幕。

言论二:"当中国经受'百年耻辱'之际,美国拒绝加入,并主张'门户开放'政策,我们能够与中国进行更自由的贸易,并维持他们的主权。"

在鸦片战争前后，美国真的"拒绝加入"侵略中国的行动了吗？事实绝非如此。首先，第一次鸦片战争期间，美国虽不参战，却听任英国炮舰凌辱中国，英国获得特权后，美国坐享其成。同时，美国尽量保持虚伪的温和态度，以赢得清政府的好感，从而达到与各国分享同等在华特权的目的。这就是美国人自己所承认的，尽管确有人反对走私鸦片、反对英国以武力迫使中国改变通商制度，但他们"在这种愤怒之中还夹杂着一种和这种愤怒很不调和的热情，希望中国开放和开放可能提供的机会。美国人一方面对这种手段表示悲痛，而到底还是欢天喜地的"（参见［美］赖德烈：《早期中美关系史 1784—1844》）。其次，美国是最早强迫中国给予治外法权的国家之一，而这极大地破坏了中国独立的司法权，乃至国家主权。根据《望厦条约》相关条款，甚至连无约国公民，在华无领事裁判权的国家的人民在中国的犯法行为，都不受中国法律的约束。无怪乎美国著名中国问题专家费正清在其著作《美国与中

美国帮助"重建"中国了吗？

国》中，都认为"治外法权用于通商口岸之后，便成为开放中国的有利工具……所有这些，至少可以说是损害了中国主权，并且非常有碍于中国反对西方剥削的自卫行动"。最后，通过《望厦条约》等不平等条约，美国除在通商、外交等方面享有与英国同等的权利外，还严重侵犯中国的关税主权、司法主权与领海权，进一步加深中国半殖民地半封建社会的程度。

那么，提出"门户开放"政策，美国真的是在"维持"中国的主权吗？答案显然也是否定的。美国在1899年和1900年两次对各国提出门户开放照会，本质上而言，这是其作为后起资本主义国家，在实力有限的情况下为维护和实现本国在华利益而提出的政策。"门户开放"政策以承认西方列强在华特权和既得利益为基础，以"保持中国领土和行政完整"为幌子，在西方列强在华占有租借地、势力范围、享有不平等条约规定的种种特权的情况下，所谓"维持"中国主权只不过是一句空话。对此，美国学者拉铁摩尔夫妇就曾在其著作《现代中国的形成》中指出："门户开放照会没有提出帝国主义应停止对中国的要求，它仅仅表示了'我也要分享'这样一个要求。"

言论三："当美国传教士带着福音来到中国海岸，他们被古老而充满活力的人民和深厚的文化所吸引。他们不仅传播了信仰，还创立了中国一些最早和最优秀的大学。"

有研究表明，外国传教士在华活动大致有三种模式：文化研究、医疗宣教和硬闯恫吓。其中文化研究模式的代表有马礼逊、卫三畏；医疗宣教模式的代表是伯驾；而强闯恫吓模式的代表则是郭施拉。不可否认，部分传教士对华怀着朴素的友好情感，为中美人文交流奠定了坚实的基础。例如卫三畏所著的《中国总论》是美国汉学的奠基之作，该书与他编辑的《汉英拼音字典》曾是外国人研究中国的必备图书。伯驾1835年在广州创办博济医院，20年间医治5万多名病人，在华具有良好声誉。美国传教士还在华创立了包括燕京大学、协和医学院、上海圣约翰大学、南京金陵大学、苏州东吴大学，以及广州岭南大学等多所高等院校（参见《毛泽东选集》第四卷），为中国早期教育事业发展做出一定贡献。

然而，诸如郭施拉等传教士却主张武力迫使清政府开放，曾为贩卖鸦片的英国商人担任翻译，在鸦片战争期间直接参与对华侵略，成为西方国家侵华的帮凶。（参见约翰·海达德：《初闯中国：美国对华贸易、条约、鸦片和救赎的故事》）在《中华帝国的衰落》一书中，一名本应怀着慈悲心的英国传教士不仅随军参与第二次鸦片战争，而且为英法联军火烧圆明园的暴行喝彩。他写道："虽然带着遗憾和悲伤写下这些文字，但我再重复一遍，这么做是完全正确的。我们需要这一坚决而极端的行为，给中国政府的心脏地带一记重击。虽然牺牲的都是最古老、最美丽的事物，但这一切都给了最忠诚、最诚实和最英勇的士兵。"这位英国随军牧师的言论令人发指！

更重要的是，如毛泽东在《"友谊"，还是侵略？》（参见《毛泽东选集》第四卷）一文中所指出的，与其他国家相较，美国在很长的时期内，更加注重精神侵略方面的活动，由宗教事业而推广到"慈善"事业和文化事业。据统计，1844—

1949年美国教会、"慈善"机构在华投资总额达4190万美元；在教会花销中，医药费占14.7%，教育费占38.2%，宗教活动费占47.1%。因此，美国人标榜对华"加深友谊"，披着宗教、"慈善"外衣的活动，实质上是文化输出与精神侵略，只是它的做法更加隐蔽和难以觉察。

这里尤其要提出的是，美国以所谓"庚子赔款"资助中国办学的"友好举动"，更是天大的笑话。义和团运动后，美国曾向清政府索取2444万美元的赔款，但后来查明，赔款数额大大超出美国在"庚子事变"中的实际"损失"，因此1908年5月美国决定将多收的1078万美元赔款从次年起退还中国，并要求该款项只能用于兴办清华学校和资助中国学生赴美留学，不得挪作他用。这就是典型的"羊毛出在羊身上"！美国真的是在对华表达善意吗？显然不是。当时美国驻华领事提交国内的报告曾一针见血地指出："退还庚款是山姆大叔历来所做事情中最有利可图的。他们将形成一支强有力的亲美力量，任何一个政府或欧洲的贸易团体都不能与之匹敌。"（《亚洲研究学刊》，

美国帮助"重建"中国了吗？

1972年5月刊，转引自陶文钊《中美关系史（1911—1949）》上卷）一言以蔽之，美国退还庚款用于中国的文教事业，既是为了输出美国的价值观，也是为了谋求美国的实业利益，不仅改善美国在华形象，而且在华培养亲美势力，其战略考虑不可不谓深远。

言论四："在二战之后，美国确保中国成为联合国的一部分，成为战后世界的一股重要力量。"

不可否认，美国确在协助中国成为联合国常任理事国问题上有所助益，但需要指出的是，这是中国人民在世界反法西斯战争中浴血奋战赢得的结果，同样不是美国的恩赐。

事实上，时任美国总统罗斯福与他的继任总统杜鲁门在此问题上有多重考虑，出发点还是维护美国自身的利益。其一，1943年罗斯福极力将中国拉入美、英、苏"四强宣言"，很大程度上是源于他认识到"中国已经在世界范围内作为四大国之一进行战争。对中国来说，现在如果苏联、英国和美国在宣言中把它抛在一边，那在太平洋地区很可能要造成可怕的政治和军事反响"（参见

《赫尔回忆录》第二卷，英文版）。换言之，美国认定如果否认中国抗战大国的地位，或导致中国军队在当时反法西斯战争关键时刻消极抗日。而在战时有中国这样大的反击日本的根据地，也有利于减少美国的负担和牺牲，从而维护美国自身的利益。其二，着眼于未来亚太地区的安宁，罗斯福也认识到如果该地区有中国这样一个强大的盟国，美国就可以集中精力恢复欧洲的和平。而且，战后中国可以成为美国商品和资本的市场，以及重要原料的产地；更可以成为美国在亚太的可靠帮手，以抗衡苏联和制约英国。（参见杨公素：《中华民国外交简史》）

而且，从二战结束后杜鲁门政府实行的"扶蒋反共"政策来看，即便中国成为"战后世界的一股重要力量"，也不免沦为美国事实上的半殖民地和附庸国。根据1949年美国国务院发布的《美国与中国的关系》白皮书，美国政府尽管已经认定蒋介石的国民党是一群"与过去军阀并无区别的反动分子"，"已经失去人民的支持"，但仍要给予其"在比例上超过战后美国对任何西欧国家援

美国帮助"重建"中国了吗？

助数量"的援助，目的就在于变中国为美国的半殖民地与附庸国。事实上，1946年《中美友好通商航海条约》《中美空中运输协定》等条约和协定的签署，不仅把蒋介石政府同美国自太平洋战争以来形成的特殊关系用条约形式固定下来，而且保障了美国在中国政治、经济、军事等各方面的排他性地位，从而严重地损害了中国的国家利益。

言论五："苏联垮台之后，我们认为中国将不可避免地成为自由国家。带着这份乐观，美国在21世纪前夕向中国敞开大门，将中国纳入世界贸易组织"；"在过去17年，中国的GDP增长九倍，变成世界第二大经济体。这很大程度上得益于美国对中国的投资"；"中国共产党也使用了与自由公平贸易不符的一系列政策……中国的行为给美国带来了巨大贸易赤字，去年这个数字是3750亿，几乎占我们全球贸易赤字的一半。就像特朗普总统本周说的，我们在过去25年重建了中国"。

此段言论的谬误有三：

其一，中国发展的道路只能由中国人民自己决定，任何外国人的想法都只能是"一厢情愿"。

如同习近平主席所言，中国特色社会主义道路是在改革开放30多年的伟大实践中走出来的，是在中华人民共和国成立60多年的持续探索中走出来的，是在对近代以来170多年中华民族发展历程的深刻总结中走出来的，是在对中华民族5000多年悠久文明的传承中走出来的，具有深厚的历史渊源和广泛的现实基础。（参见《习近平谈治国理政》第一卷）中国既不会走封闭僵化的老路，也不走改旗易帜的邪路。我们要虚心学习借鉴人类社会创造的一切文明成果，但我们不能数典忘祖，不能照搬照抄别国的发展模式，也绝不会接受任何外国颐指气使的说教。

其二，改革开放以来，中国经济建设取得的巨大成就确实得益于与世界各国的互利合作，但中国成长为世界第二大经济体，绝非完全归功于美国的对华投资。这是因为，自1987年中国有外资统计以来，累计实际利用外资20026亿美元，其中美国对华投资813.6亿美元，仅占4.06%。2017年5月英国《金融时报》网站刊文称，过去10年美对外直接投资只有1%—2%流向中国，而

美国帮助"重建"中国了吗？

欧盟每年流入中国的直接投资约是美国的两倍，约占欧盟对外投资总量的4%。从上述两个占比来看，美资在中国经济崛起中的贡献份额不大。更为重要的是，如同部分美国学者所总结的，中国的国民生产总值在20世纪末实现翻两番还多，其后仍将快速增长主要源于：储蓄率高，民众具有创业精神且受教育程度越来越高，科技得到普及，经济政策基本对路以及国际环境有利。（参见［美］易明、奥克森伯格：《中国参与世界》）因此，中国不否认美国投资对中国经济发展的贡献，但是中国经济的崛起归根结底还是靠中国人民自己奋斗出来的，绝非美国的恩赐。

其三，中美巨额贸易逆差是多重客观因素共同作用的结果，简言之，美国对华贸易逆差是由两国比较优势和国际分工格局决定的；认为中国利用对美贸易顺差"重建中国"更是无稽之谈。这是因为，一是中美贸易绝非尽让中国受益的"单行道"，双方合作本质上必然是合作共赢的，否则美方没必要在过去40年投资中国。事实上，根据美中贸易全国委员会（USCBC）估计，中美贸易年均为每个美国家庭节省850美元成本，而且德意志银行2018年发布的报告也认为美国在中美贸易中获得比中国更多的商业净利益。二是像中国这么大疆域与人口规模的大国，世界任何国家都难以对其"重建"。二战结束后，美国曾有"重建德国""重建日本"论，但都因不符合事实而遭当事国否认。针对特朗普"重建中国"说，有网友反驳称，美国连伊拉克都无法重建，遑论"重建"世界第二大经济体。更何况，40年前中国正走上改革开放的康庄大道，而新中国成立以来的经济社会等各领域发展已经为中国的迅速崛起奠定坚实基础，根本不需要美国"重建"。因此，无论从哪个角度讲，彭斯乃至特朗普的"重建中国论"如果不是出于无知，那就是信口雌黄之言，只不过是为其发动对华贸易战制造的可笑借口。

中国改革开放倒退了吗？

2018 年 1 月，美国贸易代表办公室发布《2017 年度中国履行加入世贸组织承诺情况报告》，这是特朗普总统任内首份有关中国履行 WTO 承诺情况的报告，指责中国入世后在改革和履行入世承诺方面走"回头路"，尤其是"未履行 2013 年十八届三中全会做出的全面深化改革的承诺"。无独有偶，2018 年 10 月，美国副总统彭斯在哈德逊研究所发表了关于中国政策的长篇演讲，称中国的改革开放"变得越来越空洞"，美国对中国政治改革的希望已经落空。《纽约时报》称，中国正在改变"改革开放的叙事"，实行"修正主义的改革开放"。《华尔街日报》则提出"改革不开放"的说法。

在中国轰轰烈烈纪念改革开放40周年之际，美国政界、学界和媒体却有越来越多的声音开始附和这种"中国改革开放倒退论"，无疑不是一件令人高兴的事情。从每一个亲身经历了改革开放并从中受益的中国人角度看，美国这些看法既误读了40年来中国改革开放一以贯之的初衷和方向，也忽视了新时代中国推动改革开放所做出的不懈努力。实际上，2013年十八届三中全会后，中国改革开放的步伐不但没有倒退，反而沿着自己的道路加速前进，在多方面有所作为，这是西方批评者视而不见但不容否认的事实。

一、新时代改革开放的"同与不同"

中国改革开放既是一脉相承的，又是与时俱进、不断发展创新的。与前30多年的发展相比，新时代改革开放既有历史延续性，也有自己鲜明的时代特征。

40年来，中国改革开放的思想基础从未改变。

中国改革开放倒退了吗?

"一个中心,两个基本点"——以经济建设为中心,坚持四项基本原则,坚持改革开放,是中国共产党在1978年拨乱反正之后一以贯之的基本路线,历任中国领导人对此都有明确宣示。邓小平在1979年时就坚定指出,要在中国实现"四个现代化",必须坚持社会主义道路、坚持无产阶级专政(人民民主专政)、坚持共产党的领导、坚持马列主义毛泽东思想,平息了人们对"改革开放将往何处去"的争论,对改革开放初期保持政治稳定至关重要。三年之后,四项基本原则被相继写入党章和宪法,改革开放开始进入快车道。20世纪80年代末的政治风波后,面对国内争论再起,邓小平在南方谈话中指出,"在整个改革开放的过程中,必须始终注意坚持四项基本原则","没有什么输理的地方,没有什么见不得人的地方","可以敞开来说"。

对中国而言,确保改革开放走社会主义道路,加强中国共产党的领导,建立以公有制为主体的基本经济制度是涉及大是大非的根本原则问题,容不得含糊和回避。从江泽民"划清两种改革开放观"的论述到胡锦涛提出"三个自信",再到新时代习近平"不走封闭僵化的老路,也不走改旗易帜的邪路"的宣示,改革开放取得的成就不断坚定中国领导人对中国特色社会主义道路的信心,证明了这一指导思想和行进方向的正确性。

40年来,中国社会对改革开放形成的共识、做法和期望保持一致。改革开放源于真理标准大讨论带来的思想解放。自此,"实践是检验真理的唯一标准","解放思想,实事求是,一切从实际出发,理论联系实际"成为中国政府和民间创新改革措施、评价开放成效的认识标准。它帮助中国摆脱了教条主义的束缚,也使中国在最初经验不足时避免了盲从"华盛顿共识"模式,重蹈拉美、苏联东欧地区成效不佳的覆辙。新时代,对真理标准的认同依旧推动中国在实践中不断修正政策措施,如资本市场和金融领域的系列举措。

在新时代,"摸着石头过河"所代表的勇于探索的改革精神和先局部试点再整体推进的渐进式改革模式仍受到大力推崇。在打造全方位对外开放的新格局中,中国通过在部分省份分阶段建立自由贸易试验区，大胆探索高标准的贸易投资规则，不断扩大试点范围以逐步实现对全国的覆盖，与改革开放初期建立经济特区的做法一致。加强对改革开放的顶层设计也并非新时代"专利"，中国在鼓励基层创新和自下而上的自发性改革的同时，一直很注重顶层设计和自上而下的规划引导，既有"三步走"（1987年）、"新三步走"（1997年）、"两个一百年"（2012年）的薪火相传、目标一致的阶段性长期规划，也有"国民经济和社会发展五年规划"和每年中央经济工作会议所代表的中短期设计，这些中短期规划同样是推动改革开放大幅前进的重要动力。

对改革开放的重要性和紧迫性，中国社会有着高度认同。"没有改革开放就没有当代中国的发展进步"，即使是再苛刻的批评者也不得不承认改革开放对中国综合国力和人民生活水平的显著提升。马克思主义唯物辩证法认为矛盾无处不在、无时不有。要解决当前社会面临的一系列突出矛盾，"必须深化改革开放"。"改革开放只有进行时没有完成时"，在中国是具有政治正确性的社会共识。

40年来,中国推动改革开放的核心逻辑一以贯之。同一历史时期,启动改革开放的国家众多,真正实现快速发展的国家寥寥,重要原因之一就在于没有处理好改革、发展和稳定的关系,导致轻者患上转型失败、经济衰退的"拉美病",重者出现政体失败和国家崩溃的灾难性后果。通过对"文革"、苏东剧变、"颜色革命"等一系列重大历史事件经验教训的深刻反思,从邓小平开始的历届中国政府都对平衡好这三者关系的重要性有着清醒认识。"稳定压倒一切",改革是为了发展,但更要服从稳定这个大局。

中国共产党并非"市场原教旨主义"的信奉者。中国在建立社会主义市场经济体制的过程中,对如何处理政府与市场的关系,有过各种争论和尝试,原因在于中国发展市场经济不得不面对一系列挑战,既要解决"政府失灵",鼓励国企尽快甩脱计划经济的僵化思维和历史包袱,稳定社会主义政权的经济基础,也要直面"市场失灵"造成的资源浪费、环境污染的负外部性和贫富分化引发的社会问题。因此，中国向来重视"有效市场"和"有为政府"的结合，注重市场"无形之手"和政府"有形之手"的协同，让市场在资源配置中发挥决定性作用的同时，宏观调控的力度要超出其他国家。

与过往不同的是，新时代中国改革开放面临的内外环境并不一样。改革开放初期，中国刚刚结束"文革"的十年混乱，政治上面临拨乱反正的重任，经济上需要重建濒临崩溃的国民经济体系，探索新路、推动改革开放具有良好的民意基础。外部环境同样非常有利，冷战格局下，中国通过外交政策的调整使得美国等主要西方国家都愿意支持中国改革开放，以制衡苏联，并为其陷入滞胀的经济创造新的增长机会。

新时代，国内外环境都在发生着极为广泛而深刻的改变。内部，30多年的发展推动中国成长为全球第二大经济体，进入社会矛盾凸显期，面临跨越"中等收入陷阱"的考验；外部，金融危机后世界逐渐进入"百年未有之大变局"，现行国际秩序进入瓦解和重建期，主要大国分合博弈、扑朔迷离，民粹主义和民族主义大行其道，中美关系发生重大变化，有跌入"修昔底德陷阱"的风险。支撑过去改革开放的内外环境正在转差，西方提出"改革开放倒退论"，也离不开这一时空背景。

与过往不同的是，新时代中国改革开放的难度系数要远超从前。中国改革开放大体遵循了先易后难的步骤，社会共识高、容易推动的领域如农村土地政策、放开价格管控、招商引资发展外贸等已较早完成，成效显著。剩下的对任何国家来说都是难啃的硬骨头，如财税体制改革、收入分配调整、国企改革、社会福利改革、服务业对外开放等领域，改革开放正进入攻坚期和深水区，过去30多年间形成的利益牵绊错综复杂，反腐败斗争形势空前严峻，体制机制因素制约日益凸显，对执政党的领导协调能力提出很高要求。如同中国经济从高速增长转入中高速增长阶段，再以过去的速度节奏要求新时代中国改革开放，未免强人所难。

随着中国深度融入世界，尤其是在2008年国

中国改革开放倒退了吗？

际金融危机后，世界普遍不再视中国为一个普通的发展中国家，而是给予其"大国"的定位，甚至将中国摆到与美国对等的地位，要求中国承担更多责任，这也使中国在推动自身改革开放时，不得不更加慎重地平衡其政策的国内影响与国际外溢影响，避免成为世界新增的风险源，因而与国际期望有落差在所难免。

与过往不同的是，新时代中国改革开放的目标进一步上调。对"富起来"的追求贯穿了前30多年改革开放历程。推动中国最初做出改革开放决定的一个最根本的原因就是"穷则思变"。面对当时中国贫困落后的现实，实行改革开放是加快国家发展、改善人民生活的唯一出路。邓小平说："社会主义要表现出它的优越性，哪能像现在这样，搞了二十多年还这么穷"，"我们要赶上时代，这是改革要达到的目的"。而到了中国人均国民生产总值（GDP）突破6000美元，贫困人口减少超过6亿，进入中等收入偏上国家行列的新时代起点，小康社会初步建成，人民生活显著改善，改革开放的目标从"富起来"转向"强起来"，向着实现"两个百年目标",建设社会主义现代化强国,实现中华民族伟大复兴的中国梦迈进。这一目标的树立,不免被部分信奉现实主义的西方学者从地缘政治风险、国际权力格局等角度多加分析,产生对中国试图改变现行秩序,对"自由民主"构成威胁的错误解读。于此出发,自然将中国为实现"强起来"推动的种种改革开放措施视为"停滞""倒退"。

二、全面认识新时代改革开放成就

如同不能割裂地、静止地看待中国改革开放一样,西方世界也应当全面、系统地认识十八大以来中国改革开放的新成就、新进展。中国改革开放进入了深水区,面临着比以往更艰巨的挑战,但这些挑战并没有改变中国改革开放的决心、意志和总体方向。十八大以来,中国在发展中国特色社会主义制度、完善社会主义市场经济体制、推进国家治理体系现代化、全方位扩大对外开放和积极改善民生五个方面都取得相当成就。

中国将治党、管党、惩治腐败作为政治体制改革的着力点。改革开放以来，中国在经历经济高速增长的同时，也面临着贫富差距、腐败、利益集团等社会问题。其中，腐败和以权谋私是中国诸多社会问题的根源，是中国当前面临最突出的问题。如果不能根除这一社会毒瘤，改革开放带来的成果就不能充分惠及民众，支持改革开放的社会民意就会减少，甚至产生一种回归"共产主义大锅饭"的思潮。因此，惩治腐败和以权谋私是下一阶段更大规模政治体制改革的基础和前提。只有解决这个问题，改革开放才能真正朝向以人民利益为宗旨的目标。

十八大以来，中国以全面从严治党、反腐败斗争为主要工作，全面正风肃纪，发布了《关于新形势下党内政治生活的若干准则》《中国共产党党内监督条例》等一系列重要文件，修订了《中国共产党纪律处分条例》。党内的政治风气有了明显改善，反腐败斗争取得决定性胜利，党组织与人民群众的联系更为紧密。

党的十九大报告提出组建国家、省、市、县

监察委员会，制定国家监察法，这是进一步推动政治体制改革的重要内容。监察委员会同党的纪律检查机关合署办公，实现对所有行使公共权力的公职人员监察全覆盖，真正把"权力关进笼子"。2018年3月，中国全面实施宪法宣誓制度，要求国家公职人员在就职前必须公开进行宪法宣誓，这是中国树立宪法至高地位的一项根本性制度。

在完善社会主义市场经济体制方面，中国继续推进"放管服"改革，约束政府权力，提升市场的决定性作用。2015年10月，中共中央国务院发布《关于推进价格机制改革的若干意见》，该文件对进一步深化价格机制改革做出顶层设计，要求适时放开成品油、电力、天然气、交通运输竞争性领域或环节价格，以及教育、医疗、养老等领域的非基本公共服务价格，更大程度地发挥市场决定价格作用。文件同时对政府定价制度做出规定，要求规范定价程序，逐步建立健全成本公开制度，推进政府定价项目清单化，确保定价目录之外无定价权。

党的十九届三中全会通过《中共中央关于深化党和国家机构改革的决定》，提出深入推进简政放权，提高资源配置效率和公平性，大幅降低制度性交易成本，全面实施市场准入负面清单制度。2018年11月，习近平主席与民营企业家举行座谈会，最高法院全面梳理、废止司法解释和规范性文件中对民营经济保护不平等的规范等措施表明，中国市场经济改革仍然在朝着主体平等、权利保护、改善营商环境的大方向前进。2013—2018年，中国的营商环境国际排名从第96位提高到第46位，2018年大幅跃升至第32位，首次进入全球前50行列。

在推进国家治理体系现代化上，中国在同步建设中国特色社会主义法治体系和新型服务型政府。2016年起，中国推进"以审判为中心的诉讼制度改革"，这是中国法治体系中的一项重要的基础性工作。该改革强调庭审在刑事诉讼中的中心地位和决定作用，有助于实现公正审判，防止冤假错案。2018年10月新修订的《刑事诉讼法》即体现出这一精神。除了被西方国家广泛关注的

《国家安全法》《反间谍法》《网络安全法》等重要国家安全领域的立法之外，中国在经济、社会、民生等领域也完成了一系列重大立法工作，如全面修订《环境保护法》、完成了《大气污染防治法》《反家庭暴力法》《预算法》《资产评估法》等。2017年3月，全国人大通过了新版《民法总则》，进一步强调对公民、企业权利的保护。

2018年3月，国务院公布机构改革方案，开启新一轮大部制改革。据此方案，改革后国务院正部级机构减少8个，副部级机构减少7个。此次机构改革不仅是政府系统，同样包括执政党、人大、政协、司法、群团、社会组织、事业单位，以及中央和地方各层级机构，涉及单位超过80个，改革调整幅度之大、触及利益之深，为改革开放40年来之最。

在全方位扩大对外开放方面，中国大力推动自贸网络建设，削减外资准入壁垒，"一带一路"国际合作不断深化。5年来，中国在国内设立了12个自由贸易试验区，并在2018年4月选定海南探索建设中国第一个自由贸易港。对外，中国相继与冰岛、瑞士、韩国、澳大利亚、格鲁吉亚、马尔代夫、毛里求斯等达成高水平自贸协定。截至2018年9月，中国已与25个国家和地区达成17个自贸协定，正与27个国家进行12个自贸协定谈判或者升级谈判。中国在区域自贸谈判中亦扮演积极推手，推动《区域全面经济伙伴关系协定》（RCEP）、中日韩自贸区等尽快达成，与APEC国家探讨建立亚太自由贸易区（FTAAP），中欧投资协定谈判也被推进到新阶段。

针对市场准入等问题，中国进行了大刀阔斧的改革。2018年4月，在博鳌亚洲论坛上，国家主席习近平宣布大幅放宽市场准入、创造更有吸引力的投资环境、加强知识产权保护和主动扩大进口等四大开放举措，随即金融业12项开放举措公布，时间表明确划定，"沪伦通"开通进入倒计时。6月底，2018年版外资准入负面清单出台，大幅度放宽市场准入，清单长度减至48条，共在22个领域推出开放措施，真正意义上全面实现了对外商投资的负面清单＋准入前国民待遇管理。11月，首届中国国际进口博览会在上海举办，累计意向成交578.3亿美元。"一带一路"五周年成果斐然，中国已与88个国家和国际组织签署了103份共建"一带一路"倡议合作文件，中欧班列累计开行突破万列，一批海外大型重点建设项目滚动推进，取得阶段性成果。

中国扩大开放力度的努力正得到国际资本"用脚投票"的承认。联合国贸易和发展会议（UNCTAD）数据显示，尽管全球外商直接投资（FDI）连年萎缩，流入中国的FDI却出现逆势增长，2017年流入FDI达到创纪录的1360亿美元，中国成为外资流入第二大国。2018年上半年，中国进一步成为全球最大外资流入国，流入FDI约700亿美元。

在积极改善民生上，中国的改革开放一直遵循着改善人民生活水平、保护公民权利的路线前进。党的十八大以来，中国显著增加了对民生领域的投入，将消灭绝对贫困作为首要任务。近5年来，我国有6000多万贫困人口实现脱贫，贫困发生率从10.2%下降到4%以下。

与此同时，中国采取了一系列措施保护公民

的各项权利。十八大以来，1400余万无户口人员办理了落户，全国无户口人员登记户口问题已经基本解决。2017年，中国公安机关集中查处了一批涉嫌侵犯公民个人信息的案件，泄露公民个人信息的风险得到有效遏制。新修订的民法总则专设"民事权利"一章，其中对人格权做了专门规定。2018年8月，提请审议的民法典各分编草案中，设立了独立的人格权编。这些政策让中国人权事业迎来加速发展的新阶段。

三、换位思考促进理解

翻看近年来中国美国商会、中国欧盟商会等西方商业团体发布的报告，几乎都在把经营失败和利润下降的责任甩给中国市场准入壁垒、国企不公平竞争、政策法规模糊、知识产权保护不力和强制性技术转移等"改革赤字"，很少反思自身在华产品定位、经营战略、管理架构和人才培养上的失误。面对逐渐崛起的中国本土企业的强力竞争和技术领域的飞速追赶，外资企业依靠品牌、资本和技术优势"躺着赚钱"的美好时光不再有，在华经营进入精耕细作阶段，需要付出更多努力，放下身段贴近中国市场，考虑中国消费者的需求。中国的营商环境确有不完善之处，有待进一步改革提升。但如果外资一遇困难就诉诸于批评抱怨，并将之转化为政治压力，这对在其享受"超国民待遇"时代成长起来的本土竞争对手来说，也是一种不公平。

2008年由美国引发的全球金融危机让越来越多的国家对"华盛顿共识"指导下的经济改革与发展道路丧失信心，其代表的新自由主义经济政策合理性受到空前质疑。相反，有感于中国改革开放成就，国外有学者提出所谓的"北京共识"，并将之与"华盛顿共识"进行比较，试图得出谁优谁劣的结论。实质上，这种比较本身就是西方"非此即彼"二元对立思维的体现，如果真有"北京共识"，那其最大的特点也许是"和而不同、周而不比"，中国愿意向世界分享改革开放的"中国经验""中国智慧"和"中国方案"，但更充分地尊重各国独立自主选择发展道路的权利，而不是横加指责、施压和干涉。

当前僵持难下的中美经贸争端是导致"中国改革开放倒退论"出现的重要时空因素,这也使中国政府和人民对批评者背后的真正意图产生质疑。在中国国内,这种论调被普遍视为美方为赢得经贸博弈胜利的一种舆论攻势。从中国的角度看,特立独行、精于交易之道的特朗普总统高举"美国优先"大旗,奉行单边主义,不再积极承担国际责任。美国一股脑地将贫富分化、就业流失的矛盾转移给中国等主要贸易伙伴,要求重新调整经贸关系,被全世界视为贸易霸凌主义做法。美国近年来的种种行为对于正朝着多极化和民主化演进的国际社会而言,是否也是一种倒退?

与西方担忧不同,面对中美贸易摩擦的压力,中国并没有选择保守和倒退的做法回击美方诉求,而是选择更加积极地拥抱世界,加大改革力度,全方位扩大开放,以更宽广的胸怀和更包容的精神追赶历史步伐,回应时代挑战,努力实现大国崛起和民族复兴的伟业。中国改革开放的步伐不会停滞、不会倒退,只会坚定向前。如同中国国家主席习近平在庆祝改革开放 40 周年大会上的讲话中所提到的,"我们现在所处的,是一个船到中流浪更急、人到半山路更陡的时候,是一个愈进愈难、愈进愈险而又不进则退、非进不可的时候。改革开放已走过千山万水,但仍需跋山涉水"。

什么是《中国制造2025》？

2018年1月24日，美国商务部长罗斯在2018年达沃斯论坛上指责《中国制造2025》"强迫"外企技术转让、"不尊重"知识产权，对美国构成"威胁"，表示将调查是否有必要对中国"侵权"行为采取行动。

2018年3月22日，美国贸易代表办公室（USTR）发布《301调查报告》，歪曲《中国制造2025》，排斥中国投资，发动制裁关税，搞全面贸易摩擦。3月28日，白宫贸易顾问纳瓦罗接受媒体采访时进一步毫不掩饰地指出，美国制裁关税清单瞄准的就是《中国制造2025》划定的重点领域产业及其支柱企业，以阻止中国主导未来新兴行业。

美国政策当局不惜践踏WTO规则，欲通过《301调查报告》《美国国防授权法案》等国内法施加制裁关税，排斥中国企业，迫使中国放弃《中国制造2025》，以死守新时代战略技术霸权，阻止中国产业升级、跨越"中等收入陷阱"，这样不仅破坏了冷战结束后长期行之有效的多边国际经济秩序，也给全球经济平添巨大风险，更使中国经济和企业蒙受无端损失。那么，究竟什么是《中国制造2025》，美国罔顾事实，对其横加指责，道理何在呢？

一、特朗普政府指责《中国制造2025》并无道理

《301调查报告》直指《中国制造2025》，提及频次高达116次，带有明显的指向性，被视为对华贸易摩擦的发端。但是多项指责缺乏依据，难以立足。

美国对《中国制造2025》的指责大致分为三

类：一是美国特朗普政权指责《中国制造 2025》用不公平手段支持国有企业垄断高新技术，培育国家竞争力，对美国产业构成威胁，尤其是夸大中国政府对国企提供巨额补贴，排斥外来竞争，形成不公平贸易，破坏 WTO 规则；二是污蔑中国政府利用不公平的技术转移制度、歧视性许可限制，获取美国等海外先进技术；三是指责中国通过国有企业对外投资、合股、兼并等获取当地技术，指出"中国政府提供充足的资金对美国公司和资产实施广泛的系统性投资和收购，获得先进技术"。

美国一般观点认为，美中贸易摩擦发端于《中国制造 2025》的理由是，作为新时期的"产业政策"，《中国制造 2025》扮演着与美国争霸下一代尖端技术控制权的角色。每十年一个时代，每个时代都有这个时代的领导技术和产业，而对这种具有"时代性领导技术"的掌握意味着对世界产业主导权的控制。为此，国际社会认为中美技术争霸带有"新冷战"意味。对此，首先要客观认识的是，《中国制造 2025》仅是中国政府的产业愿景，还达不到标准的产业政策水平，对国有企业的支持、扶植力度不具备形成不公平竞争的条件。

《中国制造2025》提出五大基本方针，如创新驱动、质量为先、绿色发展、结构优化和人才为本；规划出十大产业领域，即新一代信息通信技术、尖端数控机床及机器人、航空航天装备、海洋建设机械及高技术船舶、先进轨道交通设备、节能与新能源汽车、电力装备、农用机械设备、新材料、生物制药及高性能医疗器械。同时，其推出三大实施步骤：第一步从2015年到2025年，用10年时间跨入世界制造强国行列；第二步从2025年到2035年，达到中等制造强国水平；第三步从2035年到2049年，达到制造强国的顶级水平。美国认为《中国制造2025》提出"中国制造业强国战略"近期目标，并设定了具体指标，如2025年产业机器人内置化率达70%，2030年集成电路内置化率升至75%等。但中国政府并未预设"资金额度"，也未划定哪些国企有入围资格，"享受政府补贴"，更未指定企业定点攻关领域，与依靠国家力量，扶植民族产业的"产业政策"及其体系有相当的距离，不能简单归类为"产业政策"。

《中国制造2025》自始至终未规定哪家企业是支柱或旗舰。2018年8月《美国国防授权法案》将"华为科技"等五家中国企业定为"享受政府特殊津贴"企业，禁止纳入美国政府采购序列，甚至禁止其盟国及交易伙伴使用其产品、零部件及服务，搞全面技术贸易封锁，不仅使中国企业和中国经济蒙受损失，更将使世界经济面临被割裂的风险。

虽然《中国制造2025》提出后，中国工信部等相关部门出台了实施规划，明示对企业研发投资提供"补贴"，但前提是企业必须自主研发投资在先，然后依据研发成果申请政府一定比例且有上限的补贴。事实上，这种补贴与美国奥巴马政府时期搞的研发设备投资"即时折旧"和对新技术、新能源投资减税等措施相近，都是以"企业投资"为前提的措施。事实上，这些做法与日本的新时期产业政策有很大的不同。如2001年，日本 11 个政府部门与 11 家大企业联合攻关"金属板、大容量、防腐蚀，对应移动网络"的 ICtag 研发活动。尽管历经日美贸易摩擦后，日本已放弃"政府经济计划"及其"产业政策"，改用"产业愿景"，引领企业投资，但在这个项目上，日本政府采用了定点领域、定点产品、定点出资、企业合力、联合攻关、独占国际标准的做法。如今，该项技术在亚洲贸易口岸广为使用，成为采集、管理贸易数据、人员往来信息的垄断性技术。

显然，《中国制造 2025》远未达到这个程度。华为、中兴等企业的部分领先技术及产品也非政府预设课题。实际上，关于企业专利"查新系统"，日本政府为企业提供的是免费网络，而中国则仍采用政府委托的"商业化"系统。可见，中国"企业创新"仍是自主且国际化的。近期，世界知识产权机构调查统计显示，中国企业在国际上申请的专利数量连续七年世界第一，华为、中兴等连年遥遥领先，这足以说明中国企业的技术创新已经具备公开、透明和国际化特征。中国企业专利也到了需要世界共同保护的阶段。

诚然，《中国制造2025》出台后，中国地方政府为追求本地企业的信息化、自动化，积极招商引资，大搞优惠措施，刺激设备投资。其结果是误读了《中国制造2025》的本意，当成"产业计划"来落实，贴上"产业政策"标签，使之成为地方政府的"政绩单"。由此，《中国制造2025》也被美国等引为攻击的靶子。这正反映出中央政府对《中国制造2025》的"支持不足"。对此，2018年5月"国家制造强国建设领导小组"专发《地方落实〈中国制造2025〉存在的问题与建议》，指出地方政府对《中国制造2025》的理解有偏差，过度优惠政策不适当，建议正确认识《中国制造2025》的非产业政策属性。

二、《中国制造2025》的实际特点

《中国制造2025》是中国根据经济发展阶段、产业转型升级需要，应对新一轮科技革命和产业变革而出台的发展愿景，不针对任何国家和地区。这与美国《重振美国制造业框架》、德国"工业

4.0"、英国《工业2050战略》以及韩国《制造业创新3.0》接近。《中国制造2025》依托市场机制，发挥引导作用，弥补市场失灵，创新共性技术研发和人力资源培训，无损公平竞争。美国对国家制造业创新网络（NNMI)、清洁能源、增材制造、人工智能等领域每项提供的支持资金达7000万—1.2亿美元。

《中国制造2025》对内外资全面开放，不存在歧视性、排外性措施和条款，并主动与美国《先进制造业国家战略计划》、德国"工业4.0"等对接合作。包括美国在内的多家境内外企业和机构都参与了C919大飞机项目。《中国制造2025》符合中国一贯遵守的WTO原则惯例，符合中国承诺的WTO框架义务。

《中国制造2025》是在新的国际国内环境下，中国政府立足于国际产业变革大势做出的全面提升中国制造业发展质量和水平的政府指引。从实践过程看，《中国制造2025》表现出以下几个鲜明特点。

一是有鲜明的对外开放的国际化特征。地方

什么是《中国制造2025》？

政府对《中国制造2025》的积极落实，刺激数控机床、智能设备订货进口，相关产业外商对华投资增加，表现出开放、合作及顺应国际化和全球化潮流的特点，对危机后世界经济贸易复苏产生不可忽视的关联效用。特别是日本的数控机床、产业机器人等进口大幅提升，一跃成为日本对华出口的主力产品（《日本贸易统计》——"国别产品出口统计"）。日本股市中的"中国50"信托基金（ETF）及其构成股持续飘红，广受追捧。事实上，中国电子机械产业已成为美国高新技术企业不可缺少的后援和支持基础，中国制造业已独立或经第三方建立起跨国分工体系，共同形成全球产业链（体系）。

二是《中国制造2025》打开了金融开放大门。在《中国制造2025》框架下，多种所有制类型的制造业企业积极研发投资，带动国际孵化资本、国际协调融资（银团贷款）跟进，扩大金融全面开放，形成新的金融市场和产品，推进中国经济服务化、金融化和国际化进程。实际上，纽约、伦敦、东京、香港地区、新加坡与上海、深圳之间已经形成支持中国制造、孵化中国制造、追随中国制造的金融链。中国制造引领的"基金资本主义"已经在中国市场生根发芽、茁壮成长。

三是地方推进的《中国制造2025》形成新的产能过剩,引起新一轮制造业设备调整,迫使中央政府不得不进一步深化改革,加重供给侧结构性改革负担。在中国经济去产能、调结构背景下,地方政府过度追求研发投资,刺激相关产业出现新的产能过剩,非但未形成研发投资引领型"创新驱动",反而使政府不得不修订制造业设备调整计划,实施新的结构改革措施,"国际竞争力"受到制约。

中国鼓励外资企业把先进技术带入中国,并未制定任何法律政策制度强制要求外企转让技术。中外企业在中国市场上的技术合作符合双方自主意愿,中国政府并未干预。近年来中国产业技术水平快速上升,主要得益于创新投入增长和创新环境优化。2007年中国研发投入占GDP比重仅为1.4%,2018年达到2.18%,超过英国和欧盟二十八国的平均水平。中国加快创新驱动发展战略，大众创业、万众创新，专设知识产权法院，加大知识产权保护，优化创业、创新生态。2018年中国新增企业670万户，连续四年保持日均万户以上。中国在航空航天、人工智能、深海探测、生物医药等领域科技成果辈出，在超高压智能电网、共享单车、移动支付等领域拥有国际标准制定者地位，在通信设备、无人机、电子商务、云计算、人工智能等领域涌现一批有全球影响力的企业。

随着中国经济的发展，中国企业自主对外投资全面展开。2018年中国对外直接投资1298.3亿美元，仅次于美国。中国企业适应全球化潮流，融入国际产业链分工体系，赴美投资快速增长。2015年和2016年中国企业对美投资同比增长30%和115.6%，2017年和2018年受两国关系影响有所下滑，国企比重不大。美对华《301调查报告》也承认，在2000—2016年的1395宗收购案中，国企只占25%，交易金额仅占29%。中国企业对美投资有利于美国经济发展、就业增加和社会福祉提升。中国实体企业对美投资有利于重振美制造业。

三、技术霸权难以遏制《中国制造2025》

历史经验表明，科技贸易壁垒难以抑制新兴国家的崛起进程。美国搞双重标准，排斥中国企业对美投资，遏制中国技术贸易，不符合时代潮流，也难遂其愿。

（一）中国产业分工体系完整，规模巨大，吸收外压能力强

中国制造业产业占世界25.5%，美国仅占15%。中国拥有39个工业大类，191个中类，525个小类，是全球唯一拥有联合国产业分类中全部工业门类的国家。中国拥有14亿人口，市场消费潜力巨大。2000—2017年，美国市场规模增长74.4%，中国则增长了11.5倍，具备容纳各种创新、各类资本的空间。在相当长时间内，中国经济可以保持活力和国际竞争力。

（二）《中国制造2025》是中国适应国际分工体系调整和国际竞争态势转变的必然选择

新一代信息通信技术与制造业融合正成新一轮工业革命的标志，主要大国均置身其中，重塑制造业。全球制造业迎来历史性转型升级机遇。随着工业化和城市化的推进，人口结构变化，中国劳动力成本提高，传统比较优势消失，制造业面临双重挤压：一方面中高端制造业回流发达国家；另一方面低端制造业向劳动力成本更低的新兴经济体转移。

（三）《中国制造2025》是中国企业发展的必经之路

在40年的高速经济增长过程中，中国企业历经资本原始积累、粗放式扩张和转型调结构阶段，形成门类齐全、世界一流的产能规模。但近年中国制造业企业生存压力渐增，利润率、设备利用率下行，资产负债上升。对此，中国企业主动实施供给侧改革，推进转型升级，提升新兴技术支持的生产率水平。《中国制造2025》是政府顺应企业需求、具有扎实市场基础的改革浪潮，着力于增强企业自主创新能力，降低企业交易成本，提高企业经营效率。

（四）《中国制造2025》符合时代发展潮流

《中国制造2025》的四项原则：一是市场主导，政府引导。全面深化改革，充分发挥市场在资源配置中的决定性作用，强化企业主体地位，激发企业活力和创造力，转变政府职能，加强战略研究和规划引导，完善政策，为企业发展创造良好环境。二是立足当前，着眼长远。针对制约制造业发展的瓶颈和薄弱环节，准确把握新一轮科技革命和产业变革趋势，加强战略谋划和前瞻部署，打实基础，服务长期发展。三是整体推进，重点突破。统筹规划，合理布局，明确创新发展方向，提升制造业整体水平。围绕经济社会发展和国家安全需求，整合资源，突出重点，率先突破。四是自主发展，开放合作。在关系国计民生的基础性、战略性、全局性领域，自主发展。扩大开放，利用全球资源和市场，加强产业全球布局和国际交流合作，提升制造业开放水平。立足实际，顺应大势，与世界共同发展。

中国改革开放40年，中国经济面临"中等收入陷阱"十字路口，能否深化改革，全面开放，推进中国产业"高度化升级"，促进经济整体转型，关乎中国经济能否保持可持续增长，实现从发展向发达迈进。作为最关键的国企改革因既得权益多层化和复合化而难得进展，多种资本相互融合的新兴企业崛起，开始担当新时代中国产业升级的牵引力。《中国制造2025》既是促进产业升级的愿景指引，更是推进中国结构改革的"市场手段"。这与十八届三中全会提出的新时期深化改革、全面开放战略互为表里，相得益彰。

四、《中国制造2025》有利于全球共同发展

全球经济正处于大变革、大调整阶段，中国成全球经济增长新引擎，《中国制造2025》有利

于世界共同发展。

一是有利于促进市场开放，拓宽外来投资领域。新修《外商投资产业指导目录（2017年）》减少外商投资准入限制，在制造业31大类、179中类和609小类中，对外资完全开放的达22大类、167中类和585小类，分占71%、93.3%和96.1%。中国企业对外投资快速增长，制造业占比1/3强，覆盖纺织、食品、机械、汽车、电子等多领域。

二是有利于提升外来投资层次。近年来，外资从加工制造拓展到计算机、集成电路、智能制造等高新技术领域，在华总部、研发中心多达2000家。如中法达成"中法工业联合创新中心"共建意向，法国达索系统公司将在动态仿真、增材制造、多机器人先进制造等领域与中方合作，共造创新孵化平台。

2017年高技术制造业实用外资665.9亿元，同比增长11.3%；电子及通信设备制造、计算机及办公设备制造、医疗仪器设备及仪器仪表制造同比增长7.9%、71.1%和28%。2018年中国制造业实际使用外资同比增长20%，其中高技术制造业同比增长3.5%，中国企业对外投资规模和层次提升。中国对美直接投资2012年首超美国对华投资，2016年达169.81亿美元，同比增长111.5%。

三是中外企业合作成熟。《中国制造2025》对接各国制造业发展战略，与法德等展开国际合作；在融资上，中国—东盟投资合作基金、中拉产能合作投资基金、中欧共同投资基金、中墨投资基金、中法第三方市场合作共同基金等，促进制造业合作发展。中美、中德在AI、IoT等领域深化合作。美国GE在相关领域与中国企业务实合作。中德在AI标准化、人才培养、示范园区等方面开展合作试点，互学互鉴，互利互惠。

四是中外企业合作效果显著。开放的中国制造业受益于国外资本、技术和人才投入，也给外资企业以良好回报。2017年中国乘用车销售2472万辆，德、日、美、韩和法系分占总销量的19.6%、17.0%、12.3%、4.6%和1.8%。中国制造企业海外投资硕果累累，截至2017年底，仅在境外经贸合作区中国企业累计投资就达307亿美元，上缴东道国税费24.2亿美元，为当地创造25.8万个就业岗位。美中关系全国委员会报告称，中国企业在美俄亥俄州雇佣了14余万名美国人，为当地贡献了宝贵的税收和就业机会，改善了当地公共基础设施。《华尔街日报》认为，中国投资在重振美国的"铁锈地带"。

40年改革开放推动中国制造业快速发展，支撑中国经济可持续增长，为全球经济做出积极贡献。联合国《2019年世界经济形势与展望》指出，2018年全球经济增长3.1%，中国贡献率达三成。美中贸易全国委员会的《2017年中国商业环境调查》称，在华外企受益于中国经济增长，95%的回答企业认为在华有盈利，三成企业表示在华业务高于其他市场。"中国开放的大门不会关闭，只会越开越大。"《中国制造2025》会给中国和世界带来更大的福祉。

中国要把南海变为自己的内湖吗?

2016年1月,美国战略与国际问题研究中心发布报告称,南海将于2030年之前成为"中国的湖泊"。[①]这份报告中体现的"内湖论"代表了当前美国国内的一股潮流,即认为中国想要并且正在"独霸"南海。然而,事实果真如此吗?人们或许需要以更加冷静、客观的态度,去审视这种耸人听闻、充满画面感的观点。

[①] CSIS, Asia–Pacific Rebalance 2025: Capabilities, Presence, and Partnerships, January 19, 2016, https://www.csis.org/analysis/asia–pacific–rebalance–2025. (上网时间:2019年1月4日)

一、中国主张南海属于自己吗？

在地理学上，内湖一般指内陆的湖泊。在国际法上，内湖是一个国家领土的组成部分，国家对其拥有完全的主权，例如美国的密歇根湖。"内湖论"暗指中国意欲将南海置于本国的主权之下。然而，中国从来没有，也不可能有这样的主权要求。

（一）南海的地理范围

在谈论中国在南海的主权要求前，人们应该首先清楚南海到底是哪里。1953年，国际水文组织通过《海洋界限》（第三版），这也是现行的世界海洋地理界限。根据该文件，南海又称南中国海，其北部界限为台湾岛富贵角至福建牛山岛、平潭岛和大陆沿岸的连线。西部界限为中国和越南大陆沿岸、越南金瓯角、马来半岛吉兰丹河河口、马来半岛东海岸的连线。南部界限为马六甲海峡东部、苏门答腊岛东海岸、邦加岛南部、勿里洞岛基芒角、婆罗洲水鹿角的连线。东部界限为水鹿角、婆罗洲西海岸、菲律宾群岛西海岸、台湾岛鹅銮鼻的连线。南海不仅包括中国所说的南海诸岛,还包括周边大陆近岸岛屿、纳土纳群岛及广阔的海域。明确这一点对于客观认知中国在南海的主权要求至关重要。

(二) 主权与主权权利和管辖权

在讨论中国在南海的主张时,人们往往混淆主权与《联合国海洋法公约》中规定的主权权利和管辖权。前者是一个国家对其领土范围内的人和事物的最高权力,包括领土所有权和管辖权等。如果一个国家主张某一地域是自己的,或者说属于自己,那就意味着其提出了主权要求。根据一般国际法,国家领土只包括领陆(大陆和岛屿)、领水(内水和领海)、领空(领陆和领水之上的空域)以及底层领土(领陆和领水之下的底土)。国家对其上述领土享有主权。后者主要指沿海国在其专属经济区和大陆架享有的主权权利和管辖权。其虽带有些许主权色彩,但并非主权。也就是说,专属经济区和大陆架只是沿海国的管辖区域,但并非沿海国的领土。

(三) 中国在南海的主权要求

中国在南海的主权要求(不是主权权利和管辖权要求)主要体现在 5 份官方文件中,即 1958 年《中华人民共和国政府关于领海的声明》、1992 年《中华人民共和国领海及毗连区法》、1996 年《全国人民代表大会常务委员会关于批准〈联合国海洋法公约〉的决定》、2016 年《中华人民共和国政府关于在南海的领土主权和海洋权益的声明》和《中国坚持通过谈判解决中国与菲律宾在南海的有关争议》。从这些官方文件的表述可以清晰看到,中国在南海的主权要求仅限于东沙群岛、西沙群岛、中沙群岛、南沙群岛及其内水和领海,而从未对整个南海提出主权要求,更没有主张其是中国的"内湖"。因此,美国总统国家安全事务助理博尔顿于 2018 年 10 月称"南海不是中国的一个省，将来也不会是"，[①] 以及美国副总统彭斯在新加坡出席东亚合作领导人系列会议期间称"南海不属于任何一个国家"，[②] 都体现了美国对中国主权要求的歪曲。这种含糊的、错误的认知必然导致美国对中国战略目标的误判。

二、中美海洋权利主张分歧是新问题吗？

除了对中国在南海的主权要求存在错误认知，美国国内对中美在海洋权利主张上的分歧也缺乏冷静的思考。当人们聚焦美军在南海的"航行自由行动"和所谓中国的"过度海洋主张"时，很

[①] "U. S. security adviser Bolton vows tougher approach to China", Reuters, October 13, 2018, https: //www. reuter‐s. com/article/us‐usa‐china‐bolton/u‐s‐security‐adviser‐bolton‐vows‐tougher‐approach‐to‐china‐idUSKCN1MM2M8.（上网时间：2019 年 1 月 4 日）

[②] "Pence says South China Sea doesn't belong to any one nation", Reuters, November 16, 2018, https: //www. reu‐ters. com/article/us‐singapore‐usa‐pence/pence‐says‐south‐china‐sea‐doesnt‐belong‐to‐any‐one‐nation‐idUSKCN1NL08X.（上网时间：2019 年 1 月 4 日）

少有人关注这一矛盾的历史逻辑。实际上，这类分歧可追溯至20世纪50年代末。

（一）中美海洋权利主张分歧的起源

1958年，第一次联合国海洋法会议通过4份海洋法公约，但没有解决领海宽度等争议问题。1960年，第二次联合国海洋法会议无果而终。如上文所述，为宣示本国主张，中国于1958年发布领海声明，宣布中国领海宽度为12海里。同一天，美国国务院发言人回应称，"美国从来不承认关于12海里领海的任何要求，我们历来对领海的态度一直是3海里的范围"，美国此举"显然是企图掩盖它们的侵略目的"。[①] 随后，由4艘美国军舰组成的"护航队"公然进入厦门、金门地区12海里水域活动。自此至1972年，美国军舰频繁进出中国领海，而中国则对此持续提出抗议和警告。1972年，美国国务院发表首份关于中国海洋权利

[①] "怀抱侵略目的，无视我国主权，美国竟不承认我国关于领海的决定"，《人民日报》1958年9月7日，第3版。

主张的《海洋界限》文件,绘制了 2 幅其通过这些年的军事行动而判断出来的中国领海基线图。其结论是,如果中国实际画出这样的领海基线,美国将提出抗议。①

(二) 中美海洋权利主张分歧的发展

1973—1982 年,第三次联合国海洋法会议召开,并最终通过《联合国海洋法公约》。各方在会上就领海宽度、群岛国制度、专属经济区制度、国际海底资源开发制度等展开激烈争论。此次会议是海洋大国与发展中国家在海洋权利主张方面斗争的主要舞台,也是中美在这一时期海洋权利主张博弈的主要场所。在此期间,中国支持发展中国家的要求,强调"打破旧海洋制度,建立新的国际经济秩序",② "必须

---

① U.S. Department of State, No. 43 Straight Baselines: People's Republic of China, July 1, 1972, https://www.state.gov/documents/organization/58832.pdf.(上网时间:2019 年 1 月 4 日)

② "第三世界国家代表在海洋法会议讨论勘探和开发国际海底资源时发言,反对超级大国争夺和霸占国际海底资源,我代表发言支持'七十七国'集团提案,强调打破旧海洋制度,建立新的国际经济秩序",《人民日报》1975 年 4 月 17 日,第 6 版。

建立维护各国主权和民族经济利益的新海洋法"。①1979年,为阻挠发展中国家扩大海洋权利,美国卡特政府出台"航行自由计划"。1982年,美国里根政府决定不签署《联合国海洋法公约》。20世纪90年代,为履行《联合国海洋法公约》,中国于1992年通过《领海及毗连区法》、1996年发布《关于领海基线的声明》、1998年通过《专属经济区和大陆架法》。为反对中国在法律中要求外国军舰进入中国领海须事先获得批准,美军于1992年、1993年、1994年、1996年对华密集开展"航行自由行动"。1996年,美国国务院发布第二份针对中国海洋权利主张的《海洋界限》文件,认为中国大陆沿岸和西沙群岛领海基线"不符合"海洋法。

(三) 中美海洋权利主张分歧的延续

进入21世纪,随着中国加强对海洋权益的维

---

① "联合国海洋法会议第四期会议开幕,我代表发言指出必须建立维护各国主权和民族经济利益的新海洋法",《人民日报》1976年3月17日,第6版。

中国要把南海变为自己的内湖吗?

护,中美在海洋权利主张上的分歧再次凸显,美国对华采取了一系列针对措施。2014 年,在临时仲裁庭公布"南海仲裁案"管辖权裁决的前夕,美国国务院发布题为《中国在南海的海洋主张》的第三份对华《海洋界限》文件。该文件重点分析了中国对南海断续线可能采取的三种解释,并声称"除非中国澄清,断续线主张只是声索线内岛屿的主权,及这些岛屿依据体现在《联合国海洋法公约》中的国际法产生海洋区域,否则其断续线主张不符合国际海洋法"。① 同时,伴随中国海监于 2007 年开始定期巡航南海,美军时隔 11 年再次开始针对中国大陆实施"航行自由行动"。② 其针对的内容也从 2007 年的 2 项扩大至 2017 年的 6 项,包括所谓的"过度直线基线""专属经济

---

① U. S. Department of State, No. 143 China's Maritime Claims in the South China Sea, December 5, 2014, https://www.state.gov/documents/organization/234936.pdf.(上网时间:2019 年 1 月 5 日)

② 2007 年前,美军最后一次针对中国大陆开展"航行自由行动"是在 1996 年,并曾于 2000 年、2006 年针对中国台湾当局的海洋主张开展"航行自由行动"。

区上覆空域管辖权""要求外国军事船舶无害通过领海须事先获得许可"及"暗示对不具有资格的地物主张领海的行动或声明"等。① 美军自 2015 年以来在南沙群岛和西沙群岛开展的"航行自由行动",即是上述措施的一部分。在此需指出的是,以"航行自由行动"为代表的美方措施,从历史角度看是中美海洋权利主张分歧的延续和阶段性凸显,但从实质上看是中美对《联合国海洋法公约》有关条款的解释和适用的长期分歧,根本谈不上中国现在想借此把整个南海"收入囊中"。

三、中国是在南海进行"军事化"吗?

2015 年以来,美国总统、副总统、国务卿、国防部长及国会议员频频发声,称中国在南海进行"军事化"。2018 年 5 月,美国更以此为由,

---

① U. S. Department of State, Freedom of Navigation: FY 2017 Operational Assertions, December 31, 2017, http://policy.defense.gov/Portals/11/FY17%20DOD%20FON%20Report.pdf?ver=2018-01-19-163418-053. (上网时间:2019 年 1 月 5 日)

中国要把南海变为自己的内湖吗？

取消对解放军参加2018年环太平洋军演的邀请，并要求中国立刻移除在南海岛礁的军事部署。但是，中国真的在南海搞"军事化"吗？

（一）中美对"军事化"的不同理解

中国外交部曾声明，"中国在自己的领土上开展和平建设活动，包括部署必要的防御设施，是行使国际法赋予主权国家的自保权和自卫权，与'军事化'无关"。[①] 由此可见，中美对"军事化"的理解迥然有异。就适用的区域而言，美方认为南沙群岛存在主权争议，中国在自己控制的岛礁上部署军事设施就是"军事化"。然而作为主权声索国，中方认为南沙群岛属于中国，中国在自己控制的岛礁上行使防御权不是"军事化"。就部署的程度而言，美方认为中国在南沙群岛部署任何防卫设施都是"军事化"，并要求中国移除所有此类设施。而很多中方学

[①] "2018年10月16日外交部发言人陆慷主持例行记者会"，中国外交部，2018年10月16日，https://www.fmprc.gov.cn/web/fyrbt_673021/jzhsl_673025/t1604446.shtml。（上网时间：2019年1月6日）

者认为，只有当这些岛礁完全被用于军事目的时才算作"军事化"，而中国并没有这样做。

在厘清中美对"军事化"的不同理解后，我们就会发现，南沙群岛的现实情况更像是双方观点的"混合体"。首先，一些周边国家非法侵占南沙岛礁，从而产生了对南沙群岛的主权争议。其次，中国在南沙岛礁确实建设了很多民用设施，而非将其打造为纯粹的军事基地。2015年6月，中国国家发改委组织编制了南沙岛礁民事功能设施建设方案，决定建设一批通信导航、环境观测、防灾减灾、交通运输、运行保障、生产生活配套类设施。截至目前，中国已在南沙岛礁启用5座灯塔。2018年7月，中国交通运输部南海救助局"南海救115"轮进驻南沙群岛执行搜救任务。同年10月，中国启用永暑礁、渚碧礁、美济礁海洋观测中心。12月，中国科学院岛礁综合研究中心在美济礁正式启用。2019年1月，中国启用永暑礁、渚碧礁、美济礁生态保护修复设施。即使就军事部署而言，美国国防部发布的《2018年中国军事与安全发展报告》也承认，"尽管（中国建设的）前哨或许能够支持军事行动，但在南沙群岛没有观察到任何永久性的大规模空军或海军存在"。① 最后，越南、菲律宾等国也在升级其非法所占岛礁的防卫设施。

（二）中国部署防卫设施的"负面影响"

2017年12月，特朗普政府发布的首份《美国国家安全战略》称，"中国在南海建设和军事化前哨的努力，危及贸易自由流动，威胁其他国家主权，并破坏地区稳定"。② 然而，这种评估与现实并不相符。就"危及贸易自由"而言，至今没有任何证据证明中国在南海部署防卫设施阻碍了贸易自由。相反，在"一带一路"倡议下，中国与南海周边国家海上互联互通日益增强。就"威胁

---

① U. S. Defense Department, 2018 china military power report, August 16, 2018, https: //media. defense. gov/2018/Aug/16/2001955282/ -1/ -1/1/2018 - CHINA - MILITARY - POWER - REPORT. PDF. （上网时间：2019年1月6日）

② White House, National Security Strategy of the United States of America, December 18, 2017, https: //www. whitehouse. gov/wp - content/uploads/2017/12/NSS - Final - 12 - 18 - 2017 - 0905. pdf. （上网时间：2019年1月6日）

他国主权"而言，如果该报告所称"他国主权"指向南海周边国家的本土，那显然是夸大其词。否则中国也可以说，美国在关岛、日本和韩国的军事设施威胁中国的主权。如果其指向的是其他声索国占据的南沙岛礁，就相当于放弃对南沙群岛主权不持立场的承诺，并承认其他国家对南沙群岛的"主权"，即拒绝承认中国对南沙群岛的主权。就"破坏地区稳定"而言，南海局势在过去两年持续稳定向好，中国与东盟国家在南海问题上的合作不断推进。例如：中菲关系快速发展，两国推进海警、渔业和油气开发合作；中国与东盟国家就"南海行为准则"单一磋商文本草案达成一致，并将争取在三年内完成磋商；中国与东盟国家首次举行海上联合演习等。相反，美国不断以所谓"军事化"为由，漠视域内国家合作，渲染地区局势紧张，强化在南海地区的海空军事存在，不利于该地区的和平与稳定。

（三）所谓"军事化"问题的症结

南海问题包含三个问题：一是相关岛礁的主

权归属问题；二是中国与其他声索国在南海的海域划界问题，或者说各国在南海的海洋权利主张问题；三是所谓的地缘战略或战略博弈问题。如上文所述，美国对第一个问题存在认知偏差，中美在第二个问题上的分歧由来已久。但是，随着中国快速崛起及强化南海维权，美国日益加大对南海问题的介入力度和在南海地区的军事行动，加之南海周边国家扩充海空军事能力，南海问题"安全化"的色彩日益加重。也就是说，南海问题日益被看作是一个安全问题，所谓的"军事化"实际上反映了这种心理。而解决"军事化"问题的路径可能还有赖于南海问题的"去安全化"。

四、结论

目前，南海问题已经成为与贸易摩擦、台湾问题并列的中美焦点问题之一。究其原因，这其中既有两国之间对海洋权利主张的固有分歧，更有美国对中国南海主张和战略意图的误解。这种误解集中体现在三个方面，即缺乏对中国在南海的主权主张的清晰认知、没有从历史角度看待中美在南海的海洋权利主张之争、过于夸大中国南沙岛礁建设的军事意图。在中美建交 40 周年之际，两国应在南海问题上多做"减法"。首先，两国应完善在南海的危机管控机制，避免发生意外摩擦和冲突。其次，中美应厘清在南海问题上的具体分歧，并通过多渠道沟通，探寻达成共识的前景。再次，中美应本着高度负责的精神，共同致力于南海问题的"去安全化"，维护地区稳定与繁荣。

孔子学院是中国的"特洛伊木马"吗?

2019 年以来,美国不时传出个别大学迫于政府压力而决定不再与中国合办孔子学院的消息。这虽然是个别事件,可因负面新闻极易吸引眼球的缘故,此类消息一经公布,就引发外界对孔子学院的关注。近年来,孔子学院屡屡成为美国少数政治人物和一些自称"了解中国"的学者及组织的关注对象,认为它们是中国针对世界,尤其是针对美国等西方国家"大战略"的重要组成部分,是对美国"渗透"甚至侵害美国"国家安全"的潜在平台。这种论调并不新鲜,因为数年前美国就曾有人称孔子学院是中国的"特洛伊木马"。

那么，真相究竟如何？

一、美国少数人和组织对孔子学院的指责和打压

2005年3月1日，马里兰大学与中方合办了全美第一所孔子学院。自那时起，孔子学院及设在中小学的孔子课堂就在美国蓬勃发展起来。自孔子学院在美国出现的第一天起，就不断有人对它进行各种质疑甚至批判，其成为少数美国政治人物、"中国问题专家"和组织，如联邦参议员马克·卢比奥、撰写《百年马拉松》的白邦瑞，以及提出中国正施展所谓"锐实力"的"美国国家民主基金会"和"全美学者协会"（National Association of Scholars, NAS）等攻击的目标，且这种态势在近年来更加明显。在过去的十几年，虽然美国一直有这种针对孔子学院的质疑声和指责声，但是在中美关系总体稳定的大环境下，这些杂音既未能影响中美院校之间的合办热情，也未能阻止孔子学院在美国的发展。

孔子学院是中国的"特洛伊木马"吗？

然而，2017年以后，因为美国政府大幅调整对华政策，尤其是在经贸领域人为制造摩擦，导致中美矛盾日渐突出，两国整体关系因此更加复杂，一些学者据此认为中美之间正在出现"新冷战"苗头。在此背景下，这些人和组织就趁机在美国社会甚至国际舞台大肆渲染"中国威胁论"，借口"国家安全"受到威胁等，不断提升对孔子学院的指责调门，试图在美国民众中间制造恐慌情绪。

他们针对孔子学院的指责可归结为以下几点：一是认为一些美国高校，尤其是公立高校缺少经费和研究项目，为中国利用金钱与它们建立合作关系提供了机会，从而使孔子学院成为中国对美国高等教育系统"渗透"的渠道。二是认为与中国合办孔子学院的细节"不透明"，宣称美方院校在教材选择、课程设置及人员配备等问题上都"听命于中国"，使中国对美国学术界形成所谓的"长臂管辖"。三是认为孔子学院是中国"软实力"甚至"锐实力"的外在表现，目的是"改变并塑造"美国人对中国共产党和政府的看法。四是认为孔子学院的存在危害了美国院校的"学术自由"。

2005年至今，美国有关方面不断对孔子学院展开各种调查，甚至利用签证问题为难中方教师，但都未能发现它们存在任何违反当地法律或有损美国国家安全的行为。即使如此，那些反对孔子学院的人依旧不肯罢休，继续利用各种机会限制和打压孔子学院。这些举措中，最典型的是2018年8月生效的《2019财年国防授权法》。该法在少数反华国会议员的推动下，明令禁止美国国防部对开办有孔子学院的美国高校的中文培训项目提供资助，以联邦立法手段逼迫这些高校在联邦经费和孔子学院所代表的"中国经费"之间"二选一"。该法案一出台就遭到不少质疑甚至反对，但是一些与美国军方有较多合作的院校，最终因为担心与军方关系受损或影响从美国政府获得联邦经费，不得不借合办时间到期或注册学生人数少等理由停办孔子学院。这对孔子学院在美国和世界上的声誉产生一定负面影响。

二、内生需求是孔子学院在美国发展的最大动力

近些年来，随着中国的发展，尤其是中美经贸关系的日益密切，普通美国民众对中国的兴趣不断上升，他们迫切希望能认识一个真实而立体的中国，而非从充满偏见的媒体中获悉一个不完整的中国。尤其是很多美国家长，希望子女能更多地了解中国，因此非常乐见并珍视在身边就有孔子学院或孔子课堂这样的学习场所和机会，为此鼓励孩子积极选修相关课程。可以说，这种想了解一个真实中国的思潮是美国院校积极与中方合办孔子学院的最大动力。

正因如此，孔子学院和孔子课堂才得以在美国蓬勃发展起来，不仅几乎遍布所有的州，其数量在世界各国更是长期稳居首位。可以想象，要是没有这种强大的内生需求，只靠中国单方面推动，是绝不可能在美国出现这种现象的。这种现象反映了中美关系正在变得更加成熟和健康，表明美国民众愿意更加认真和客观地看待中国。中方合作

院校由此与美方伙伴建立起良好和密切的合作关系，孔子学院也成为中美日益密切的双边关系，尤其是两国人文交流领域的重要组成部分和突出代表。

可是，美国的那些反对者和批评者始终无法放弃偏见，继续选择性忽视这种源于美国自身的内生需求和动力，仍旧刻意片面夸大孔子学院和中国政府的关系，继而延伸出孔子学院的主要作用是中国试图影响并改变美国人对其看法的观点，是中国所谓"锐实力"的典型表现。客观地看，孔子学院确实有使美国民众更客观地去了解和看待中国的积极作用，中方也有这种善意的想法，希望由此实现与包括美国民众在内的中外民心相通，增加彼此战略互信，发展并巩固与包括美国在内的对外关系。如果说中国积极推动孔子学院发展有什么"动机"，那么这种善意就是最大和最主要的"初衷"。

三、现实无法证实对孔子学院的指责

孔子学院虽然在美国不断遭到少数人和组织的质疑，可现实情况却完全不能为他们的指责提供"实证"。

第一,就他们编称的所谓"中国经费"而言,现实情况是美方院校出资额往往远高于中方伙伴。孔子学院不是中方独资办学,其本质是不以营利为目的的中外教育交流合作项目。根据《孔子学院章程》规定,除中方提供一定数额启动经费外,年度经费由中外合办方按1∶1比例各自筹措。可在实际运作中,作为美方院校众多国际交流项目中的一个,孔子学院需要办学场地、课程安排、师资配备,雇佣当地雇员从事行政管理等,这些工作都由美方院校具体承办,所以美方实际出资额和投入力度往往远高于中方。这种安排既体现了中美合作办学的公平性和互利性,也很好地展现了美国院校的自主性,以及在合办孔子学院过程中的主动性。因此,那种认为中国利用金钱为孔子学院开道,为此形成所谓的"中国经费"并谋求影响美国高教系统的看法,不仅是错误的,在现实中也根本站不住脚。

第二,就课程设置、教材选择和师资而言,主要是由美方院校而非中方决定。一些美国人声称，美方院校在上述问题上都"受制于"中国，尤其是受制于孔子学院总部、国家汉办及中国教育部，从而使中国政府对美国教育系统形成事实上的"长臂管辖"。在那些不了解情况的人眼中，这种倒推式的逻辑或许有一定道理，可现实同样并非如此。近年来，由于这些人反复炒作，美国国内不时围绕如何看待孔子学院展开辩论。在此过程中，一些美方院校就曾多次指出，孔子学院的课程是根据学校总体教学计划及学生需求量身定制的，而非由中方指定。至于教材，孔子学院总部只负责编订汉语教材，从中选什么则由美方院校决定。在运行和管理上，孔子学院各有美方和中方院长一名，绝不是只有中方说了算，主导权依旧掌握在美国院校手中，授课内容同样如此。一些美方教师也称，无论是在上课还是教材选择上，都从未感受到来自中方的要求或压力。因此，上述指责毫无道理，有些甚至是空穴来风。

第三，一些美国人认为孔子学院最值得"担忧"的地方是它"不透明"，有成为中国破坏"美国国家安全平台的潜在风险"，尤其是其在美国的

孔子学院是中国的"特洛伊木马"吗？

广泛存在为中国"开展间谍"等活动提供了可能，从而可能危及国家安全。2018年2月，联邦调查局局长克里斯托弗·雷在国会听证会上称："孔子学院的确令人担忧，FBI目前正对它们进行谨慎观察。"美国媒体就此广泛报道的同时，也指出这仅为猜测，因为他并未能提供证据。一些开办孔子学院的美国院校也回应称，这种情形从现实看不可能发生，因为在跟中方商谈合作协议时，都会明确规定孔子学院只开展中国语言和文化的教学交流活动，不开展政治性或违反中美法律的活动，其中有院校甚至专门指定专人对此进行监督，它们呼吁有此担忧的人"尽可放心"，不要把"可能性"当作必然结果。

第四，那些对孔子学院持强烈批判和反对态度的人不断强调的一个"问题"，就是中方老师常常拒绝或不允许学生在课堂上讨论跟中国相关的人权、西藏、新疆等问题，认为这有违美国高校的"学术自由"传统，同时也是中国政府干涉美国教育的佐证。"全美学者协会"甚至为此提出，"孔子学院要想留在美国，就必须把上述问题纳入课程"。从实际运作看，孔子学院专注语言和中国文化的教学交流活动，中方老师也主要是这方面的专业人才。教师的职业属性要求他们教授或讨论自己更擅长的专业问题，同时有权决定讨论的内容，这是对学生负责的表现，无论在中国还是美国都不应成为被诟病的理由。令人讽刺的是，这些人还刻意忽视一点，即他们强烈警惕并反对孔子学院在美国传播"有中国特色并可能对美国构成威胁的观点"的同时，为什么要求必须讨论那些明显针对中国的政治观点呢？这不仅明显自相矛盾，而且无法自圆其说。

面对上述针对孔子学院的"莫须有"式的指责和打压，一些美国学者甚至前国会议员也公开质疑卢比奥等少数政治人物打压孔子学院的行为，认为他们绝非是在维护美国的利益，而只是为了实现能继续赢得国会甚至是总统选举的政治目的。因为在美国国内政治日益极化的背景下，他们聚焦国内政策议题一般是出力不讨好，很难获得所期望的政治资本，操纵反华议题常常不会引起争议，而且容易引发公众注意，有利于维护他们的

"曝光度"。他们批评卢比奥等人不应为个人政治前途打压孔子学院。甚至有人为此举例称，美国国防部曾资助过一些孔子学院的中文教学工作，"若孔子学院真的威胁到国家安全，国防部为什么还要这么做？"

2018年11月底，美国斯坦福大学胡佛研究所发布一份名为《中国影响力与美国的利益：提高建设性警惕》（*Chinese Influence & American Interests: Promoting Constructive Vigilance*）的报告。33位号称"中国通"的专家在耗时近一年半研究后，提出中国正不断提升对美国及其他国家的大学、智库、媒体、侨界、企业、科研和政府机构的"影响力"。可即使这样一份警惕性极高且被称为是"'中国通'们在对华问题上集体觉醒"的报告，也明确提出不反对与中国合办孔子学院和孔子课堂，因为它们有助于了解中国的语言和文化；也不担心孔子学院和孔子课堂的蓬勃发展势头，因为自信美西方能在社会科学领域有效应对中国的"影响力"。其实，在美国其他一些智库和机构涉及孔子学院的报告中，虽然也"担心"孔子学院

"可能的危害",但都认可孔子学院及其课程"合法且无害"。

四、孔子学院很难"一关了之"

众所周知,孔子是中国历史上最伟大的人物之一,作为享誉世界的教育家、思想家,其思想和主张在中国、东亚乃至世界都有着广泛而深远的影响。对中国而言,他深刻地影响了国家的历史和文化进程,塑造了普通中国人为人、为学、为事,以及看待国家和世界的思维方式和基本行事逻辑。"孔圣人""孔夫子"等称呼反映了中国人从内心对他的认可甚至崇拜。

对世界而言,孔子的时代虽然距今数千载,可他的一些思想和主张历久弥新。如"有教无类""因材施教"等教育理念被世界广泛接受和认可,可谓"放之四海而皆准的真理"。"和为贵""和而不同"等理念,对应对和解决人类在全球化时代面临的诸多挑战具有很强的现实指导意义。因此,孔子是中国引以为傲的一张"名片"。中国以孔子学院的形式与各国合作办学，正是向世界敞开心扉，展示真实全面立体、古老又现代的国家形象的真心告白。

因此，自 2004 年起，在自愿、平等、协商、合作的基础上，中国与各国高校及中小学合建孔子学院和孔子课堂，它们由此成为外国学生和普通民众了解中国的重要窗口，获得主办院校、学生甚至所在地民众的认可。据孔子学院总部统计，目前已在世界六大洲近 150 个国家（地区）建起 500 多所孔子学院和 1000 多个孔子课堂，注册学员超过 200 万人，中外专兼职教师近 5 万人。其中，美国的孔子学院和孔子课堂总数在全球稳居首位。孔子学院在中外各方共同努力下取得了辉煌的办学成就。

但是"人无远虑，必有近忧"，这样一个本质上不以营利为目的的中外合作办学项目，在美国少数政治人物和组织的操控，尤其是利用联邦立法迫使美方院校做"抉择"的背景下，开始遭遇挫折。美国一些院校迫于压力选择停办，然而这绝非简单的"一关了之"，还是有不少负面影响。

例如，停办结果之一是直接导致相关人员失业。美方院校为了孔子学院的正常运转，雇佣了不少美国本土的专兼职教师和行政管理人员，停办会导致他们失业并不得不寻找新的工作岗位。停办结果之二，就是使那些有兴趣学习中文和中国文化的学生和家长失去了一个能直接了解中国，并在美国国内培养精通中文和中国文化人才的平台。加州一些高校就称，孔子学院在这方面发挥了积极作用，培养的人才对当地华裔及加州甚至美国的发展都有重要意义，部分院校的停办决定使这项工作受到威胁。

当然，最主要的负面结果，就是这种人为中断中美人文交流和两国战略互信渠道的做法，不利于中美关系的发展。长期以来，美国少数人和组织习惯于用对抗性的零和思维看待中美关系。在他们眼中，正常的双边交流也不再正常，他们极力渲染"中国威胁论"，意图依靠美国超强实力压制中国，为此不惜破坏两国关系的民意基础，孔子学院因此不幸地成为被攻击的目标。从长远看，这种做法将得不偿失，因为在面向未来的中美关系相互塑造的关键阶段，这种做法存在"自我实现预言"的极大风险。

五、孔子学院绝非"特洛伊木马"

孔子说，"毋意、毋必、毋固、毋我"，意思是"不凭空猜测、不主观臆断、不固执己见、不唯我为是"，同时认为人与人交往的一个重要原则是"己所不欲，勿施于人"，其本质就是要相互尊重、平等相待，不要自以为是。这对中美关系以及其他国家之间处理彼此关系有很强的现实指导意义。

建交40年后的今天，在中美经济利益深度捆绑的同时，双边关系确实变得更加复杂，需要共同管控的分歧和矛盾增多。但越是如此，越需要双方静下心来，冷静客观地看待彼此，不忘两国建交的初心，不要误判对方意图，不能以"莫须有"的思维揣测对方动机，更不要把简单问题复杂化。如果连孔子学院所代表的中国对增进双边关系的善意都无法甚至不愿接受的话，那就很让人担心美方究竟想把两国关系引向何方？

中美关系的根基始终在民间，两国有识之士不应让以孔子学院为代表的人文交流成为两国新摩擦点，而应使其成为双方相互释放善意、确保双边关系稳定的基础。中国希望与美国建立积极、健康和全面的双边关系，为此有坚定的信心和十足的诚意。反观美国，的确需要认真反思近些年来的对华态度、政策及做法，不应把中国当作"假想敌"，而应与中国携手共建未来，因为这才是真正有利于其国家利益的做法。美国的这种反思，不妨先从善待孔子学院开始。

图书在版编目（CIP）数据

中国十问/中国现代国际关系研究院著. —北京：时事出版社，2020.1
ISBN 978-7-5195-0355-0

Ⅰ.①中… Ⅱ.①中… Ⅲ.①国际关系—研究—中国 Ⅳ.①D82

中国版本图书馆 CIP 数据核字（2019）第 242545 号

出 版 发 行：时事出版社
地　　　址：北京市海淀区万寿寺甲 2 号
邮　　　编：100081
发 行 热 线：（010）88547590　88547591
读者服务部：（010）88547595
传　　　真：（010）88547592
电 子 邮 箱：shishichubanshe@sina.com
网　　　址：www.shishishe.com
印　　　刷：北京旺都印务有限公司

开本：787×1092　1/16　印张：11　字数：80 千字
2020 年 1 月第 1 版　2020 年 1 月第 1 次印刷
定价：68.00 元

（如有印装质量问题，请与本社发行部联系调换）